シリーズ こころとからだの処方箋

# 家族心理臨床の実際

## ――保育カウンセリングを中心に――

監修●上里 一郎
編●滝口 俊子（放送大学大学院臨床心理プログラム）・東山 弘子（佛教大学大学院教育学研究科）

ゆまに書房

# 監修にあたって

二十一世紀は心の時代だと言われる。いわゆる先進国では、物質的には充足されているが、生きる意味や目標を見つけることができずにいる人々が少なくない。

グローバル化や科学技術の著しい進歩により社会は激しく変動しており、将来を予測することが困難になっている。例えば、労働環境一つを取ってみても、企業は好収益を上げていても、働く者個々で見るとその労働環境は著しく厳しいものになっている。それは、過重な労働条件・リストラの進行・パート社員の増加などに見ることができる。極端な表現をすれば、〝個人の受難の時代〟の到来と言えるかもしれない。労働・地域・社会・家族など、私たちの生活の中に、このようなめまぐるしい変化は影を落としている。自殺者・心身症・うつ・犯罪の若年化や粗暴化などといった社会病現象の増加はその影の具現化でもある。

このシリーズ「こころとからだの処方箋」はこれらの問題に向き合い、これを改善するため、メンタルヘルスの諸問題を多角的に取り上げ、その解決と具体的なメンタルヘルス増進を図ることを主眼として企画された。

テーマの選定にあたっては、人間のライフサイクルを念頭に、年代別（青少年期、壮年期、老年期など）に生じやすい諸問題や、ドメスティック・バイオレンスや事故被害、犯罪被害といった今日的なテーマ、不眠や抑うつなど新たな展開を見せる問題などを取り上げ、第一線の気鋭の研究者、臨床家に編集をお願いした。一冊一冊は独立したテーマであるが、それぞれの問題は相互に深く関連しており、より多くの巻を手に取ることが、読者のより深い理解へと繋がると確信している。

なお、理解を助けるため、症例の紹介、引用・参考文献などを充実させ、また、専門用語にはわかりやすいよう注記を施すなどの工夫をした。本書は、医学・心理学・看護・保健・学校教育・福祉・企業などの関係者はもとより、学生や一般の人々に至るまでを読者対象としており、これら各層の方々に積極的に活用されることを願っている。

上里一郎（あがり・いちろう　広島国際大学）

# はじめに

家族心理臨床の諸問題について、保育カウンセリングの立場から発言するのが、本書の目的であります。

子どもの成長の器として家庭は重要であり、家族は人の生涯に深く関わります。家族のありようが急激に変化し、家庭に関する考え方も、家族で共有し合う時間も、著しく変化してきています。

幼稚園・保育所では、家庭の体験に恵まれずして入園して来る幼児、心身に支障のある園児などの数が急激に増加しています。これまでの保育の枠に納まらない子どもたちに、保育者は困惑しているのです。保護者も、子育てへの不安を抱えています。このような状況にあって、保育カウンセラーは迎え入れられるに至りました。

本書では、保育臨床心理士の保育現場における活動を紹介すると共に、幼児の育つ器としての家庭についても考察します。

本書の執筆者は、保育所・幼稚園・幼児が集う機関などで、幼児および保護者・保育者と深く関わっています。本書は、まだ表現力の未熟な子どもたちの代弁であり、現代の家庭生活への提言です。読者の皆さんが、次代を担う子どもたちの味方になっていただけたなら、編集した者の何よりの喜びであります。まだ言葉では充分に表現することのできない子どもたちの理解者が増えることを、切に願っています。

本書の編集を始めた頃、本シリーズを応援してくださっていた臨床心理学者、河合隼雄先生にご執筆いただくように計画しておりました。永年に渡って心理臨床に取り組まれた河合先生は、子どもを愛し、昨今の子どもたちの問題を憂いて、保育カウンセリングの発展を推奨してくださっていました。天に召され、ご執筆が叶わなくなってしまったことは、かえすがえすも残念でなりません。

本書を、河合隼雄先生のご霊前に、謹んでお捧げいたします。

滝口　俊子

【目　次】

# 第1章　保育カウンセリングの基本

## 1　はじめに

保育カウンセリングは、幼稚園・保育所の特殊性によって、任務には多少の相違がある。カウンセリングが、目的も方法も、それぞれのクライエントのニーズによって異なるのと同様である。

そのためには、各々の幼稚園・保育所が保育カウンセラーに何を期待しているかを、知らなくてはならない。そして、期待に応えるためには、クライエントを的確にアセスメント（査定）する技能、クライエントの信頼の得られる心理面接、園の外部との適切な関わり（地域援助）、それらの心理臨床を考察する力（研究）などが不可欠である。

そして、心理臨床の技能を保育場面で活かすためには、保護者・保育者そして園児との関係性が重要であることを強調して、本論に入りたい。

## 2　保育カウンセリングの任務

### (1)　子どもを理解する

幼児にとって、自分の気持ちや考えを言葉で表現できることは限られている。そのために、幼児と接する大人は、子どもの考えていること伝えたいことを理解する能力を要する。他者の気持ちを察知することに関して、筆者の体験を紹介させていただきたい。

心理臨床経験を精神分析学派からスタートした筆者は、心理臨床の一方、短期大学で教鞭を取っていた。少女のようにあどけない学生たちの中に、学問の楽しさに目覚め、勉学を続けることを希望する学生が出てきた。若かった筆者は、四年制大学への編入学を精力的に応援していた。そして大学へ挨拶に行った折り、立教大学教授であられた早坂泰次郎先生は、編入の話はそこそこに、主宰しておられたグループについて熱心に話され、ぜひ参加してみるようにと誘ってくださった。学生たちのプラスになれば、くらいの軽い気持ちで、早坂先生が取り組んでおられたＩＰＲ（インターパーソナルリレーションシップ）のグループに、筆者は参加した。そこでの体験を詳しく述べることは別の機会に譲るが、徹底的に鍛えられ、体得したことは、「観る」ということであった。この体験は、後の心理臨床の大きな力となっている。筆者の学問的立場である深層心理学のクライエント理解を、広げてくれた。

現在、保育カウンセリングに携わる筆者にとって、ＩＰＲで体得した「観る」ということは、何よりの方法である。そして想うことは、何と多くの保護者・保育者が「観る」ことを軽んじているかである。ほとんどの保護者は、大人同士おしゃべりしながら子どもを観ているつもりになっている。保育者も、大勢の子どもに対応しなくてはならない職務にもよって、一人ひとりの子どもへの観方が浅い。観るということは、単に視野に入っているということではない。子どものこころの動きに添って見ている大人のこころも動いていなければ、観ていることにはならないのである。大人には些細なと思えている時にも、子どもたちのこころは動いている。

子どもの表情の動きは勿論のこと、声の調子や話の内容、身体の動き、子ども同士や大人との関係などを通して、子どものこころを知る。

子どもの図画・工作、好きな絵本や歌、そして子どもの身体の動きからも、子どものこころの理解は深まるのである。

保育場面において保育者は、子ども全体への働きかけの任務が先行するので、保育者に見えない子どものこころの細やかな観察こそ、保育カウンセラーの任務と言える。

保育カウンセラーは、自分の知識や臨床経験に囚われることなく、目の前の子どものありのままのこころを察知し、子どもたちの育ちゆくのを応援する。

幼児について、幼児教育について、カウンセリングについて、知識をしっかり学んだ上で、知識や経験に囚われることなく幼児と関われなくては、専門家とは言えないのである。どんなに優れた作品から学んでも、自分の作品を制作する時に自らの中から湧き出して来るイメージが大切な芸術家のように、ひとつひとつの技術を正確に身につけながら本番では流れに没頭する競技者のように、保育カウンセリングにおいては目の前のその子が大切なのである。

## (2) 保護者と子育てに関わる

送り迎えの時の親子の様子、保護者会への出欠や態度、保育者からの情報等々が、保護者を理解するための素材となる。保育カウンセラーが保護者と接する機会は限られているので、保育者からの情報は貴重であるが、保育者の感情がともなっている情報には、慎重でなければならない。

また、保育者や保育カウンセラーは、ついつい子どもの味方になりがちなために、保護者を悪く見て、保護者の「欠点探し」になってしまってはならない。昨今の保護者は、第二次世界大戦を知っている世代が、辛かった体験を子どもにはさせたくないという思いで育て、社会が豊かになったこともあって、かなり自由な娘時代を送っている場合が多い。女子としての制約も少なくなった学校生活を送り、やがて結婚、子育てが始まる。かつての日本の母親に比べると、子どもへの関心の個人差も大きく、自分の勝手さに気づきにくい。親の問題は、またその親の問題であったり、育った家庭状況の影響である場合が多いので、単に批判をするのではなく、親の育った背景に細やかに目を向ける必要がある。

母親だけではなく、父親も子育てに不慣れな場合が多い。弟妹や年下のいとこを知らなかったり、学校でも同学年中心に交流をしていたことにもよる。また、子ども時代を「可愛い、可愛い」と育てられた男性は、親になっても女性に世話をしてもらいたいと思いがちで、世話してもらうのが当然と思っている場合もある。家に帰りたくない帰宅拒否の父親をパートナーとする母親は、孤独の苛立ちを子どもにぶつけやすい。親になる前は魅力的な女性であった人が、子育てが始まるや、情緒不安定になったり、ノイローゼになったりもする。

親になることに、誰もが多かれ少なかれの困難を抱えている今、親が子育てに生きがいを見出せるように支援するのが、保育カウンセリングである。この時代、この社会での子育ての保護者の不安に共感せずに、嘆いてばかりいては、専門家とは言えない。個々の家庭における子育ての知恵を見出すために、保育カウンセラーは存在するのである。

### (3) 保育者と協働する

保護者の多様化や、対応の難しい子どもたちの増加によって、保育者の戸惑いや疲労感は著しく増している。その荷下ろしの場のひとつが、保育カウンセリングと言える。ベテランの園長も、園児・保護者・保育者に対して、これまでの経験を活かし切れず、対応できず、重荷を背負っている。

小児科医や歯科医が園児に関わる時、その専門的な職務が明確なように、保育カウンセラーの専門性は、保育者の能力の開花であると言える。若い保育者は、まだ眠っている自分の力に気づき、ベテランの保育者は、自分の中に存在する能力の更なる進展を目指すことを、カウンセラーは支持する。カウンセリングという営みは、クライアントの自己成長力の促進である。

保育者との協働における保育カウンセラーに不可欠な態度は、保育者の専門性への敬意である。保育者より年長のカウンセラーであっても、自分の考えを押し付けようとはしない。ただし、一般のカウンセリングに比べ、保育カウンセリングは「受容と共感」だけではなく、保育者と力を合わせて創意工夫し、方法を見出し、共に実行する。

まさに成長期にある幼児に関わる保育に役立つためには、保育者との協働は不可欠である。保育の場における主人公は、子どもと保護者と保育者であり、保育カウンセラーは、脇役として、子どもの成長に関与するのである。

## (4) 地域と連携する

子どもたちは、やがて小学校に進学する。進学する先との良い関係に尽くす保育者に、保育カウンセラーも協力する。園児たちの小学校訪問に同道する、学校関係者と交流する、スクールカウンセラーと連絡し合うなど、あらゆる機会を活用して、学校関係者と良い関係を作り、卒園後の子どもたちが守られる環境の準備をする。

また、入園前の子どもたちを園に招く機会にも、積極的に関わり、地域の親子の様子を知り、入園前の子どもの心理的な相談にも応じる。入園前の地域の保護者の相談を受けることは、子どもの問題の早期発見にもなり、保護者の過度の不安の解消にも役立つ。年少の子どもと接することなく親になる人々には、専門家の相談の機会を活用することが、養育の知恵となることを伝える必要がある。

そのために、地域の相談センターなどとの、専門家間の情報交換にも心がける。

これまでの臨床心理職の役割として相談室でクライアントを待っていたのに比べ、保育カウンセラーは、面接室外の任務も重要なのである。と言って、ただ走り回っていては、こころの専門家とは言えない。

地域において活動するためには、静かに思考する内向性と、周囲と協働する温かい外向性が不可欠である。

今後、地域との関わりは増すことが予想されるが、ソーシャルワーカーとカウンセラーとの違いを自覚して、積極的に行動することも必要である。

### (5) 保育カウンセリングの広報活動

保育カウンセリングは、心理臨床活動として月日が浅い。

地域社会や、保護者が、保育カウンセラーを活用するためには、ＰＲ活動が重要である。

東京都日野市では、保育カウンセリング事業について、次のようなお知らせを発行し、保育カウンセラーからの挨拶、相談日時などを伝達している（**図1**）。

図1　日野市における保育カウンセリングの告知紙

# 保育カウンセラー通信

# ほっ！

発行：日野市公立幼稚園
保育カウンセラー通信編集委員会
責任者：渡　邊　　明　子
平成19年　7月　20日

日野市保育カウンセラー
滝　口　俊　子

保護者の皆さまへ

幼稚園を訪問させていただく日、私は、いつもより早めに目が覚めます。京王線が多摩川を渡るころから、子ども時代の遠足の記憶がよみがえるのか、ワクワクした気持ちになります。今日は、どんな出会いがあるのかしら？

日野市の保育カウンセラー制度が出来る以前から、私は幼稚園・保育園を訪れることを経験しておりましたが、保育カウンセラーとしての定期的な訪問は日野市は初めてです。定期的に関わらせていただいて最も嬉しいことは、子どもたちの刻々と伸びゆく姿を見せていただいていることです。

幼児期の子どもは、新緑の若葉のようだと思います。若葉は、日々、色も形も成長しています。毎日々々、一緒に生活していらっしゃる保護者の皆さまは、この成長に気がつきにくいかもしれません。（かつて、私が幼児期の子どもたちの母であった時、生活の慌ただしさに、子どもの成長を認めることを忘れがちでした）。

保護者の皆さまは我が子を受け容れること、先生方は園児の資質を伸ばすこと、保育カウンセラーは子どもたちの眠っている可能性を発見する役割があると思います。

保育カウンセラー日程表

| 幼稚園名 | 9　月 | 10　月 | 時間 |
|---|---|---|---|
| 第二幼稚園 | | 2日(火)　仲村先生<br>19日(金)　杉原先生 | 9：00<br>～<br>17：00 |
| 第三幼稚園 | 4日(火)　滝口先生 | 3日(水)　坂上先生<br>23日(火)　滝口先生<br>29日(月)　坂上先生 | |
| 第四幼稚園 | 10日(月)　滝口先生 | 18日(木)　滝口先生<br>30日(火)　滝口先生 | |
| 第五幼稚園 | 7日(金)　坂上先生<br>10日(月)　仲村先生 | 5日(金)　坂上先生<br>29日(月)　仲村先生 | |
| 第七幼稚園 | 10日(月)　坂上先生<br>21日(金)　杉原先生 | 16日(火)　杉原先生<br>22日(月)　坂上先生 | |

## （6）幼児に関わる者のメンタルヘルス

子どもと関わる時間の長い保護者・保育者が、必ずしも子ども好きとは限らない。本来は内向的な、一人で過ごすことの好きな人が、たまたま親になったり、保育者になった場合、本人も辛いが、子どもにとっても支障となる場合がある。だからといって、「子ども好きでなくてはならない」と思い込むと、子ども苦手な意識に押し込められ、歪んだ形で発散される。過度に子どもの面倒をみようと甘やかしたり、逆にしつけだと思い込んでの虐待が起こったりする。

子どもへの苦手意識や子ども嫌いと表現することに抑制のなくなった今では、そのことを子どもの目の前で表現したり、行動する親もいる。感受性の鋭い子どもへの影響を、配慮しなくてはならない。

「子どもは愛しなさい！」と言って、解決のつく場合もある。信頼関係が成立しているか、言われた人に恐怖を覚えたりなど、状況は様々である。多くは、人に言われてすぐに解決のつく問題ではない。子どもが苦手な人は、子どもを養育する状態にならないように工夫することが、倫理であるとも言えよう。子どもの目の前で、「子どもが好きではない」と言うのは、子どもに失礼ではなかろうか。

子どもを好きだと思っていても、大人が子どもと接することには工夫を要する。

保育時間が長い場合の交代制は、保育者のメンタルヘルスに不可欠であるし、園児数を配慮することもしかりである。

園における事例検討会は、担任保育士の精神衛生に役立つ。園児とその家族のプライバシーを遵守することを職業倫理として鍛えられた保育カウンセラーの意義の、一つとも言える。

保育者だけでなく、保護者のメンタルヘルスにも、保育カウンセラーの役割がある。保育カウンセラーは、園内で話し合うことが相応しくない問題だと察知した場合は、外部の相談機関を紹介することもある。

保育者と保護者のメンタルヘルスが尊重されることは、子どもの健やかな成長に大きく寄与する。

## 3　幼児と共に生きるために

### (1)　子どもの宇宙

この宇宙のなかに子どもがいる。これは誰でも知っている。しかし、ひとりひとりの子どものなかに宇宙があることを、誰もが知っているだろうか。それは無限の広がりと深さをもって存在している。大人たちは、子どもの姿の小ささに惑わされて、ついその広大な宇宙の存在を忘れてしまう。大人たちは、小さい子どもを早く大きくしようと焦るあまり、子どもたちのなかにある広大な宇宙を歪曲してしまったり、回復困難なほどに破壊したりする。このような恐ろしいことは、しばしば大人たちの自称する「教育」や「指導」や「善意」という名のもとになされるので、余計にたまらない感じを与える。

河合隼雄著『子どもの宇宙』岩波新書

河合隼雄先生の数多くの著書の中で、筆者が最も好きな言葉である。

大人は誰でも子ども時代を経験しているので、子どものことは分かると思い込んでいるが、決してそうではない。人間は辛かったことをそのままに記憶していることは難しいので、修正をしながら生き延びているのである。（他者の痛みに共感する心理療法家の訓練に「教育分析」「教育カウンセリング」という方法があるのは、自分にとって辛く苦しかった体験に目を向けるためでもある。）

子どもと接する大人は、子どもたちの世界を、可能な限りに尊重したい。

子どもに手を出し過ぎることは、子どもを歪めてしまうことになる。大人にとって、じっと見守っているより、手や口を出すほうが、たやすいのである。昔からのことわざ「可愛い子には旅をさせよ」の知恵を忘れてはならない。一緒に生活していても、子どもの世界を尊重することである。（蛇足ではあるが、子どもにしつけをしなくて良いと言っているのではない。しつけとは、この社会を生きる術《ルール》である。）

## (2) 幼児にとって遊びの意義

子どもにとっての遊びの意義は、主張し続けられている。しかし、子どもたちは真に遊んでいるのであろうか？　遊びとは何か？　という課題に、ここで取り組むスペースはないが、「楽しい！」と夢中になっていなければ、遊んでいるとは言いがたい。今、子どもたちは、ほんとうに遊びを体験しているであろうか？

筆者は、保育カウンセラーという任務に恵まれて、保育所・幼稚園に関わらせていただいている。子どもたちが遊び込んでいる園もあるが、保育者主導の園も多い。

ある規律の中で楽しいと体験する遊びは、大人になって発揮する個性の根であり、その子どもの1回限りの人生を創造的に生きる基盤となるのである。

幼児自らが楽しさを発見する遊びを尊重したい。さまざまな遊びに出会う体験を用意したい。遊びの材料になるものを創意工夫して楽しんでいる子どもは、生き生きとしている。反対に、市販の材料を与えられ、指示に従って行動している子どもたちの表情は、くもっている。お仕事を強いられ、遊んではいないのである。

幼児期に充分に遊んだ経験をもつ子どもは、後に、思うようにならない状況に直面しても、苦痛に押し倒されない柔軟性をもつ。

良いと言われる学校に進学はしたが息切れしてしまう、いわゆる「いい子」は、幼児期に遊び込んでいないのである。

## (3)　幼児の主体性の尊重

自主性・主体性は、児童期になって初めて機能するのではない。その萌芽は、幼児期に見られる。「身体の小さな幼児は、まだ何も分からないから指示・強制しないとならない」

と、思い込みがちな大人がいる。そして、幼児のこころを押しつぶしているのである。

社会性を身につけるためのしつけは大切であるが、子どもの気持ちを尊重した上での、社会を生きてゆくためのルールの伝達でなければならない。

子どもに芽生え始めた自主性と、わがままとの違いを、大人は認識していなくてはならない。多くの場合、大人にとって都合の悪い時、わがままと決めつけやすいのである。

子どもの自己主張に対して大人の対応が悪いと、子どもは欲求不満に陥り、いっそう大人に都合の悪い反応となる。保護者も保育者も、子どもへの対応に迷った時には、子どもの言動を叱責するのを中止して、子どもの主張に耳を傾けたい。そして、軽々しく子どもの要求に応じてしまうのではなく、子どもが落ち着いたなら、話し合う。対等に話し合うことこそ、子どもの主体性を認めることである。

幼児には、個性と言い切れるものは育っていない。子どもの個性は、環境との相互作用によって、次第に培われてゆくのである。

昨今、無気力と言われる子どもたちは、環境側の失敗によって自主性を放棄した子どもたちである。

## (4) 幼児の成長のための体験

発達途上の子どもにとって、保護者と保育者に守られた場は、成長の基地と言える。あまりに早期に強い刺激に晒されると、生物体は倒れてしまう。と言って、真綿に包み続けるような不自由な環境では、鍛えられない。ほど良い刺激がある守られた場でこそ、幼児の心身は鍛えられるのである。

温室の花とは違い、外部の刺激も必要な人間の子どもは、冷たい風雨に晒されることもある。そのような時に、子どもの不安な体験や、頑張ったことを認めてくれる大人がいると、子どもは救われる。一方、周囲の大人が子どもの苦労に無関心であったり、冷ややかであると、子どもは癒されないばかりか、こころに傷をもつ。幼い日に、こころの傷をもった子どもは、その後も傷が痛みやすいのである。

子どもの成長には、安定ばかりでなく、不安な体験も必要である。その時に、子どもの不安に共感して見守る大人が必要なのである。

子どもたちが大人に怖い話をしてもらいたがるのは、怖い体験を空想の中で練習をしているのである。大人に守られつつ、怖い体験を実感出来る機会となっている。

安全な基地がない幼少期を過ごすと、傷つきやすく、不安定な性格となるのである。

子どもに過保護な大人は、子どもが「快」のみを体験することを願いたくもなるが、「不快」の体験を欠く子どもは、生きることに脆い。不快から発生する様々な情緒もあって、生きるということなのである。

さまざまな感情を体験してこそ人間であり、その表現の仕方も身につけるのが、社会を生きるということである。このことは、学校に入って突然始まることではなく、幼児期から日々の生活を通して身につけてゆく。

幼児の子育てを、テレビや、ゲームに任せてはいけないのは、その場の大人との情緒的交流をともなわないからである。

## (5) 子どもの成長のための「悪」

数年前に子宮にいた子どもに、「悪」などは無関係と思われる方もあろうし、そもそも人間は悪を抱いて生まれて来ると考える方もあろう。大切なことは、今、目の前にいる子どもの言動が悪の範疇に入るかどうか、である。

子どもの行動が「悪」である場合には、そのことを教えることが、大人の務めである。他者の身体や気持ちを傷つけること、意地悪な嘘をつくこと、善意に対して裏切ること、等々はしてはならないことを、適切な時に、しっかりと伝える必要がある。

「嘘は泥棒の始まり」と大人は言うが、嘘も成長の証拠であったり、他者を思いやる嘘のあることも、忘れてはならない。

「悪」について考えることは、人間の本質を見つめることにもなる。軽々しくは決められないが、と言って、逃げていては大人とは言えない。子どもと接する大人は、その瞬間の判断に自分を懸けることの必要な時がある。

その時の言動は「悪い」ことであっても、その子どもの本質、その子ども全体が悪いのではないことを、忘れたくない。

子どもの問題は、大人との相互作用の産物である。

## (6) こころの井戸

生きている限り、誰もが無縁とは言えない、「悪」だけではなく「聖」についても、目を向けたい。偉人の例を出すまでもなく、誰の心にも清らかな無私のこころも存在する。多くの場合は日常生活に追われ、無意識に押し込まれているが。

赤ん坊のほほ笑みに天使を感じるのは、親だけではない。

こころの奥深くには、澄み切った水が流れているのである。

子どもたちが社会で認められるようにと、受験戦争に勝つ事ばかりを強いている大人は、子どもたちのこころの井戸に石を投げ込んでいる、とも言える。

こんこんと水の湧き出る泉のような、子どものこころに、蓋をしてしまうような愚かな大人でありたくない。井戸水は、汲めば汲むほどに澄んで来る。温泉に掘り当たるかもしれない。

こころの問題に取り組むカウンセラーは、前からも後からも、上からも斜めからも、見えないところからさえも、こころに取り組む。保育カウンセラーが信頼しているのは、誰のこころにも存在する水脈である。

## 4　おわりに

保育カウンセリングが、どのような視点で、子どもや保護者・保育者に対峙しているかを知っていただけたなら幸いである。

始まってから時間の短い専門的営みであるが、次代を担う幼児の成長に寄与する保育カウンセリングは、実に意義深い。

新しい時代に相応しい仕事と言えよう。

新しい時代は、子どもたちによって実現されるのである。

（滝口俊子）

参考文献


河合隼雄　1995・2002　『河合隼雄著作集Ⅰ・Ⅱ』　岩波書店

河合隼雄　2007　『泣き虫ハァちゃん』　新潮社

大場幸夫　2007　『子どもの傍らに在ることの意味　保育臨床論考』　萌文社

滝口俊子　1996　『子どもと生きる心理学』　法藏館

滝口俊子（編著）　2007　『乳幼児・児童の心理臨床』　放送大学教育振興会

滝口俊子・山口義枝（編著）　2008　『保育カウンセリング』　放送大学教育振興会

# 第2章　保育カウンセリングの今日的課題

## 1　現代社会と幼児の置かれている状況

一昔前には、両親による児童・幼児虐待、特に母親によるそれは、アメリカの問題であって、母性の国と言われているわが国では考えられないことであった。確かに、アメリカでの流行は二〇～三〇年後に日本で起きてくることは知られてはいたが、それが毎日のごとく新聞紙上を賑わすほど日本でポピュラーな現象になった。幼児虐待が起こると、特に警察や児童相談所に前もって、警告やタレ込みがあった場合、児童相談所が非難されることが多い。しかし、児童相談所の現状を知っている者には、この非難は受け入れなくてはならない反面、現在の対処能力を超えていることを知ってもらいたいのが本音であろう。それほどに、児童虐待や養育放棄の問題は、多発しており、問題が複雑である。

児童虐待が頻発する数年前から、児童養護施設と大学などの心理教育相談の両方に携わるカウンセラー、特にプレイセラピストは、子どものプレイの内容の変化に気付いていた。

それは、今までは児童養護施設のプレイセラピーにのみに見られていた、プレイの特徴的内容が一般家庭児童に見られるようになったからである。児童養護施設児童にのみ見られていたプレイセラピーの内容とは、「警察官や正義の味方とされる英雄が悪人である」「スーパーマンやウルトラマンがすぐに負けてしまう」「神や仏が嘘をついて救済者にならない」ことなどである。われわれは彼らのことを家庭内施設児と思っていた。今では、虐待児が児童養護施設児の50％を超えてきた。50％を超えると施設の維持管理が難しくなる。人を信じられない子どもが集まるからである。人を信じられるからこそ、人間関係が維持され、自己管理能力が生まれる。それがないと物理的な制圧でしか集団を維持できない。

家庭内施設児の問題について、マスコミの取り上げ方は派手ではあるが、流行しているといっても、一般家庭児童からの割合からするとそんなに多くはない。より大きな問題は、子育て環境の悪化である。環境の悪化には、周りに自然が乏しくなったとか、汚染物資が環境を破壊しているというような、ハード面の問題がないわけではないが、より大きな問題は心理・精神的な問題である。

子育て支援の問題が大きく取り上げられるようになったのと、期を同じくして社会に起こってきた問題は、職場での「うつ」の多発である。うつは精神エネルギーの低下によって生じる。精神のスタミナ切れである。スタミナは体力のそれでも分かるように、トレーニングなくしては生まれない。精神的スタミナは、人間関係の維持・発展によって生まれる。人間関係はとかく煩わしいし、きつい。体力のスタミナも合理的で過酷なトレーニングからしか生まれない。人間関係の煩わしさを避けたい現代人は精神的スタミナ切れを起こしやすいのである。

「うつ」の多発の原因の第一にあげられていることは、多忙と職場環境の変化である。「うつ」の多発と子育て環境の変化は、単純に見ると関係がないように思われるが、親の側に「うつ」が多発している環境は、子どもは親に育てられていることを考えると無関係ではあり得ない。

「うつ」の多発の原因の第一は職場での多忙であると先に述べたが、多忙さだけを比較すると、昭和三五年位から始まった高度成長期当時の方が多忙ではなかったかと思われる。子育てにしても、昔は五人～六人の子持ちは当たり前の時代があった。当時の母親たちの物理的忙しさと多くの手間がかかることは、現代の子育ての比ではない。しかし、当時は今ほど子育ての問題が多発してはいなかった。このように物理的・統計的なことを考えると、物理的環境ではなくて心理的環境の変化が今の問題を起こしていると考えざるを得ない。もちろん心理的な問題の背景には社会的な環境の変化がある。が、社会的な環境の変化に適応できない心理的問題、心の力の育て方や鍛え方、教育の仕方の問題が基底にあるような気が筆者にはしてならない。

一人っ子政策を取った中国では、子ども一人に六人の親が関わっていると言われている。両親と両親の祖父母四名の六人である。子どもは「小皇帝」と呼ばれるほど、大人に保護されている。保護は子育てには欠かせない条件であるが、過保護は子どもをだめにする。なぜならば、過保護は子どもの自立を損なうからである。子どもはわがままになり、社会のルールを学べないまま大人になるか、反対に親に縛られて自立した大人になれないという問題が生じるのである。少子高齢化が社会問題化しているわが国は、中国のように国家政策としての「一人っ子政策」ではないが、実質的・心理的には、一人っ子政策の問題とあまり変わらない問題が生じている。

子育ての心理的環境は二五年周期で変化する。それは、自分が大人になるのに二五年かかり、子どもを大人に育て上げるのに二五年かかるからである。少子で育った子どもたちが、現在親になってきている。自己中心で自分が大人になれていない親、少子の環境で育ったため子どもにどのように関わるのが、子どもを育てる事になるのか分からない親、近所づきあい、友達づきあいが下手なため、子どもに必要な母親同士・近所づきあいのできない親、が一般化してきている。

## 2 深刻化する子どもの問題

子どもの一般的なイメージは、明るくて元気で目が輝いていることである。トロンとした目を子どもがした時は病気である。戦後の子どもの心の問題を見てくると、まず問題になったのは非行である。非行に対しては、生活指導部が各学校に設けられた。当時の生活指導では非行が止まらないばかりか、子どもによっては悪化することさえ見られた。この時代にアメリカからロジャーズの「来談者中心のカウンセリング」が導入され、第一次学校カウンセリングブームが起きた。この時から子どもの問題に対処するための、心のケアの必要性が認識され始めたのである。

非行はその後も問題を深める方向に行き、現在でも大きな問題を呈している。心の問題として、次に起こってきたのが、「学校恐怖症」である。これは、登校拒否、不登校と名前は変わってきたが、現在でも幼稚園・学校での心の問題の主要なものであることは変わりない。同時期問題にされてきたのが「自閉症児」である。二歳前後で発病することが多いこと、ケアや指導が大変なことから、両親、小児科医、教師やカウンセラーにとって重い問題となった。自閉症児の発症理論は、最初「冷たい母親」が要因である、との見解があったため、母親は子どもの世話と世間の風当たりの強さで大変な思いであった。反面、カウンセリングによる心のケアが親と子どもの両方に、いくばくかの安らぎをもたらしたため、心のケアの重要性の認識が広がった。自閉症児は、現在では広汎性発達障害と呼ばれるようになり、心理的ケアと同時に特別な訓練や教育が施されるようになった。

当時、小児幼児自閉症と似たような症状を呈する子どもたちで、年齢や発症メカニズムの違いとして認識されていたものに、「微細脳損傷」「アスペルガータイプの自閉症」「小児精神病」などがあった。現在では、アスペルガー症候群として取りまとめられる傾向があるが、対人関係の持ちかたに障害があるため、心のケア、教育、特別なトレーニングが行われている。

以上、簡単にここ五〇年間の子どもの問題を概括してきた。専門家や社会によって、取り上げられ認知される、いわゆる診断名がついた症状に対しては、不十分であってもそれなりに対応が取られてきた。広く存在しながら、対応されていない子どもたちの中に、深く心を病む子どもがいるのが現在の子どもの問題の特徴の一つである。時々、親殺しやきょうだい殺し、不可解な犯罪として、世間の注目を集めるような少年の犯罪は、深く心を病む子どもたちの中の突出部分である。氷山の頂点のような子どもたちの下には、目立たないが深く心を病む子どもたちが存在していることにこそ、現代の問題の深さがあるように思われる。

## 3　親たちの戸惑い

世間を騒がせるような事件が起きるたびに、「うちの子は大丈夫でしょうか」と思う親が多いのではないだろうか。心の底では「うちの子に限って」と信じてはいても、不安になるのが今日この頃の世間の雰囲気である。根拠がないのに「うちの子は大丈夫」と、妄信している親の中には、自分の子どもの実態を見ていない親もいる。親の直感によって「うちの子は大丈夫」と思える親の子どもは大丈夫なことが多いのも事実である。親の直感は子どもへの信頼から生まれている。子どもを信頼できる親は、親自身が安定している。子どもとの対話が多く、子どもと遊んでいる時間も多い。子どもを見ていなくても、子どもが今何をしているかを知っている。子どもを監視していないと子どもの行動が分からない親は自分自身に不安があるからである。子どもに対しての信頼性が低い親である。夫や妻の行動を監視していないと、相手の行動が予測できない夫婦はその根底に不信感がある、のと同じである。精神分析者フォンフランツ（Marie-Louise von Franz）の言葉に「仲の悪い夫婦は、たとえ子どもに何人もの乳母や子守をつけても、子どもは彼らが見ていないと時に高所から落ちて死ぬ」というようなすさまじい言葉がある［1974］。現代だけでなく、昔から夫婦と子どもの問題は切っても切れない関係なのであろう。

上記のこと以外に親を戸惑わせる問題が現代では多く発生する。子どもが高所から放り投げられる、下校途中に殺される、変質者にいたずらされる、校庭に侵入した異常者としか思えない人物に集団で殺される、などは、マスコミの発達もあってか、親を怯えさせる。親としては手の打ちようがないこの種の事件の多発は、現在の子育てを難しくしている要因の一つになっている。

もう一つの問題にいじめがある。いじめ問題は、ある意味では親や教師、学校、いわゆる大人の対処を超えている部分を含んでいる。それだけに、いじめが起こると、いじめ問題の本質よりも、悪者探しにエネルギーが使われがちになる。

いじめは昔からあった。今でもいじめは子どもの間だけではなく、大人の間でも存在する。いじめは人間の動物性に由来しているからである。その意味では厄介な問題の一つである。動物性の基本は、敵と味方の区別、自己の生存の確保、自分のＤＮＡを残すことである。いじめは縄張り争い、自分のグループと異なったり、自分たちと異なる特徴を持った個体を排除する行為である。自分たちと肌の色、身体の特徴、言葉の違い、文化や経済力の差、などによって生まれる差別と同種の基底を持つ行為である。人間として差別は絶対に許されない。いじめを許すことは差別を許し、助長することになってしまうからである。人間が動物性（歯止めの利かない衝動）で、行動すれば人間社会は成り立たない。そこには人間の尊厳も人としての平等感も存在しなくなるからである。

いじめを悪として制御できる社会が健全な社会である。いじめを制御できるのは、個人、社会、国家の倫理観である。倫理観の衰えや喪失が、差別、いじめ、喧嘩、戦争へ繋がって行く。倫理観は、自己と他人理解、愛と繋がりなくしては生まれない。しかし、これは言うに易しいが行うことは難しい。難しいのは、知的な理解ではなく心からの理解を必要とするからである。喧嘩、いじめ、戦争は相手への理解のないところから生じる。自分の主張のみを主張し、相手の主張に耳を貸さないから生じる。

いじめ、喧嘩、戦争が悪であることは誰でも知っている。それでもなくなったことがない。嫉妬と羨望から報恩と感謝、敵意と差別から愛へと人格を高めない限りこれらはなくならない。これを遂行するためには、教育、特に陶冶性が高い幼児教育と子育てが重要である。難しいことだが、人類の生存と発展のためには避けては通れない。

## 4　教育保育者の戸惑い

教育保育者の戸惑いの第一は、子どもの変化、親の変化である。戸惑いは社会環境とそれにともなう家族環境の変化に由来している。少子化と遊び環境の変化は、集団のトレーニングを全くというほど受けずに集団保育に参加する子どもがいる一方、0歳児から保育所に入所している、いわゆる保育所慣れしている子どもが同時に存在している。混合グループは、その良さが発揮されるときには、集団の凝集性が高まる。異質性を統合できるグループダイナミックスが働かないときには、集団はバラバラになりグループとして機能しなくなる。このようなときにこそ、教育保育者の技量が問われるが、教育保育者自らも集団の扱いに慣れていないと、時には不安とパニックのため、教育の場そのものが混乱に陥ってしまう。

一昔前までは、地域社会に存在する保育所や幼稚園に通所・通園する子どもたちの家庭環境は似ていた。家庭環境の同一性は子どもの行動に同一性が生まれる。家庭・家族環境の変化によって、子ども一人ひとりの行動が基本のところで異なるまでになった。朝食を食べずに来る子ども、親との接触の少ない子どもと極度に密着している子ども、抱っこを絶えず求めてくる子どもと身体接触を嫌がる子ども、基本的なしつけができていない子どもと優等生的な子ども、などなどである。

お弁当持参の時代は、親は子どもの好き嫌いを把握しているため、昼食のトラブルは少なかった。親が忙しくなったためや親自身の調理訓練の不足のため、子どもではなくて親が給食に頼ることが多くなった。給食は食糧難の時代、子どもの栄養補給と集団訓練（食事マナーの訓練と偏食の矯正）などに効果があった。団塊の世代の人々が給食を懐かしく思い給食レストランが話題になるのも、子どものころの給食が楽しかったからである。団塊の世代より一〇歳年上の世代は、給食の質の悪さもあって、給食の内容には嫌悪感すら抱いている人たちもいる。今の子どもたちは個食とアラカルト食の時代に育っている。アメリカの子どものお弁当は、ピーナツバターを塗っただけのサンドイッチにリンゴが一個が普通である。五分もあれば作ってやれるし、少し大きくなると自分で作って持って行く。大人になるにしたがって給食は食堂でのアラカルトになり、自立した自分の昼食になる。

集団には同一性と個性の統合が必要である。家庭環境・社会環境の変化によって、子どもの行動に異質性が多くなった現代、教育保育者は日本の伝統文化である「みんな一緒」の手法だけではやっていけなくなっている。といって、個性を発揮させるアラカルト方式は、まだまだ国民的合意が得られない。給食廃止論争は一時的なものに終わってしまった。

障害児と健常児を一緒に教育しようという統合教育が叫ばれて四〇年になる。統合教育がうまくいくと健常児・障害児の両者への教育的意義は大きい。大阪のある養護学校は、長年にわたって近くの保育園との共同活動を行っている。ここでの教育の意味ある成果は、お互いの教育を認め合っているところと教員の技量の高さに存在している。保育園と養護学校とでは、教育課程や目的がかなり異なる。一致する点は、人間教育・人格教育の部分である。人格教育とは、先にも述べたが、他人理解の教育である。他人理解の中には、保護者の他児理解も当然のこととして含まれる。園と学校は、月に何度か交流教育を行う。園児が養護学校へ行ったり、逆に児童が園に行ったりである。

統合教育の真髄は他人理解である。他人理解は自己理解から始まる。現在、保育園や幼稚園には障害児が一緒に教育を受けている。障害児の中には、広汎性発達障害児やアスペルガー症候群の子どもも含まれる。こういった子どもたちは、集団に混わりにくいという特徴があり、集団教育するには、教師の技量と親の理解がいる。この二つが揃っていかないときには、集団のダイナミックスが形成されなくなる恐れがある。集団の凝集性がなくなると、集団はバラバラになり、教育ができるような場にならなくなる。このような場では、いじめが起こったり、障害児に対する偏見と差別が深まったりする危険性が生じる。

理念は大切である。現実をそして現場を見つめることはもっと大切ではなかろうか。

## 5　新しい試み

### (1)　臨床心理士会における保育カウンセラー養成

幼児教育保育者の訓練と教育課程は、免許修得に定められているように、保育・教育技術を中心としたものである。これらの専門技術は集団保育が可能な場合を前提にしている。現在の現場が置かれているような集団教育が難しい子どもの対処の方法やグループダイナミックス、親のカウンセリングや相談を視野に入れた方法・技法に関しては、まとまって教えられていない。臨床心理学や障害児教育を専門に教育された幼児教育保育者は皆無に近いのではないだろうか。

心の問題に的確に対処するには、専門家の養成が不可欠である。心の問題が深刻化した学校にスクールカウンセラーが配置されて一〇年がたち、その実績が認められてきている。現在の幼児教育・保育の現場を見つめると、専門家の援助なくしてはやっていけなくなっているのが現状である。臨床心理士会が主催する障害児理解や心の理解のための講習会やワークショップがいつも満員盛況であることが、現状の危機を物語っている。

現場教師に対しての講習は必要であるが、講習だけでは理解はできても対処はできない。技術はトレーニングを必要とするからである。講習だけでは「畳の上での水泳」になってしまう。保育カウンセラーの養成は急務である。

保育カウンセラーはスクールカウンセラーと異なって、プレイセラピーと集団プレイセラピーに特化して教育することが重要である。プレイセラピーとカウンセリングは、原理は共通しているが、セラピストに対して、子ども特有の関わり方を必要とするからである。これは、直感力と「今・ここ」に反応できるトレーニングである。この能力は、セラピスト自身が遊びを楽しめる心と子どもが好きなことである。

幼児教育者には、この能力に長けている人がある。臨床心理士会に所属する優れた能力を持つプレイセラピストが指導者となって、現場で子どもと関わりながら、モデリングとスーパーヴィジョンを行うのが、現在の状況下では一番有効であろう。

同時に、親や教師に対する支援が必要である。この点に関しては、スクールカウンセラーとの連携化と共同活動が役に立つ。丁度、プレイセラピストと親のカウンセラーが子どもの問題に対して共同で当たっているように。

現代の子どもの問題は、最初に述べたように、家族、地域社会、国、世界の環境変化から起こっている。子どもに対処するのは第一義ではあるが、それだけでは不十分である。子どもを育てる環境整備と支援が欠かせない。政府政策の後押しの下に、臨床心理士会を始めいろいろな集団が子育て支援に取り組んでいる。子育て支援は、両親への支援だけではなく、少子化対策、地域支援、祖母たちの子育て支援を含んでいる。

現状を膏薬的に対処するのではなく、幼小一貫教育（六・三・三制の見直し）、幼保一元化、なども含めて改革の必要性に迫られているような気がしている。

（東山弘子）

引用・参考文献

Mary-Louise von Franz 1974 *Shadow and Evil in Fairytales*. Spring Publications, Inc.（氏原 寛 1981 『おとぎ話における悪』 人文書院）

# 第3章　幼児教育と保育臨床における子ども理解

## 1　はじめに

心理臨床が保育の現場に入るということ、それは従来のクリニックモデルをそのまま持ち込むということでは決してない。そこに求められるのは、基本を失うことなく臨床の実践知を保育に統合させることである。そのためには保育において今何が行われているのかをまず知り、そのうえでどのような方法が有効なのかを検討しなければならない。

本章では幼児期の発達を保育との関連から検討しなおし、幼児教育における心理臨床と保育の協働を具体的に考えてみたい。

## 2　幼児期における心の発達

関係性を持った社会的存在としての人間が、その機能を獲得し、発揮し始めるのは、幼児期に入ってからである。この関係性というものに注目した場合、幼児期の心理発達の大きなテーマは「社会化」と言えよう。一歳頃までの乳児期が、母親に代表される対象（mothering one）との二者関係の成立を中心テーマとするなら、それ以後、就学までの幼児期は、二者関係から三者関係へと展開していく段階となる。

ここでは対人関係をベースとしながら、言葉、第一反抗期、母子分離、葛藤体験について概観し、そのうえで幼稚園の年少・年中・年長別に見られる心理発達の特徴を、人間関係の広がりという観点からそれぞれ検討してみたい。

## (1) 言葉

乳児期に見られた喃語《なん》（「あ〜あ〜」、「ばぶばぶ」など）は、一歳前後から「まんま」といったような意味を持つ言葉（初語）へと変化してくる。そして幼児期に入ると「わんわん、いたぁ」のような二語文や三語文へと発展し、単語の数も驚異的に増え、四〜五歳では、ほとんどの子が大人との間で何の支障もなくコミュニケーションが取れるようになる。それまでのコミュニケーション手段として、表情や身振りといった方法があったが、幼児期になって言葉を獲得すると、その内容は飛躍的に増え、抽象性や象徴性が増していく。それと並行して、まわりの環境（世界）に対する幼児の理解・認識が深まっていく。

言葉の発達を考える際、まずその最大の要因として、伝えようとする相手との関係性があるということに注意しておく必要がある。その主な対象は母親であることが多いので、言葉の発達には母親との関係が影響していると考えられる（ただし個人差も大きく、言葉が遅いからといって、それを短絡的に母親との関係に帰因させるのはもちろん問題である）。

また、ボキャブラリー（語彙）としての言語能力を持っているということと、それをコミュニケーションの手段として実際に使おうとするかしないかは別の問題であり、相手との関係性や、内向・外向といったその子の性格によって違ってくるということにも留意しておく必要がある。

コミュニケーション手段としての言葉の発達と、その言葉がそこで発せられるか否かが相手との相互関係によって違ってくるということ、このことは、言葉の発達を考えるとき、安心して居られる場と、信頼して自分を表現できる人間関係を持つことが乳幼児期においてはとりわけ重要となる、ということを示している。

## (2) 第一反抗期

自己表現や自己主張の高まりにともなって、二歳後半から現れてくるのが第一反抗期である。それまで全面依存していた母親（あるいは重要人物）に対して「ノー」と主張すること。これは、母親との間に少しずつ距離を置き始め、同時に一方で、それでも母親は自分を見捨てない、愛してくれるということを確かめる作業なのだと考えることができる。この過程を通して、幼児は母親の愛情を確認し、守られながら、自分と母親とは違う別個の存在なのだと認識していくのである。このことは母子分離に繋がる心理的離乳の萌芽とも言える。

この第一反抗期は、実は母子双方の信頼関係が前提となっている。したがって、幼児が母親に対して不安や恐怖を抱いている場合、反抗すれば自分は母親から見捨てられてしまうという恐れが喚起されることになり、反抗は起こらないということも考えられる。第一反抗期のなかった「手の掛からない良い子」が、思春期になって初めて反抗を始め、そこにさまざまな問題が生じることが多いのは、幼児期にクリアすべき課題が達成されていなかったためである可能性がある。

## (3) 母子分離

乳児期での物理的な乳離れに対して、幼稚園入園にともなう母子分離は心理的離乳と考えることができる。母子分離に関するエピソードは、入園当初の四月～五月に観察される。母親が帰っていく姿を門から不安そうに見送っている子、あるいは心細さのあまり泣き出してしまう子など、その姿はさまざまであるが、それまでの母親との生活から幼稚園という未知の世界に足を踏み入れるということに加え、その母親が目の前からいなくなってしまうというのは、幼児にとって大変な事件であり、不安が起こって当たり前であろう。

この不安には当然個人差があって、不安の程度だけから子どもの自我や情緒性について簡単に評価することはできないが、その子の心のなかに安心の源泉としての母親イメージがどの程度定着しているかについては、ある程度推測することができる。乳児期での人見知りが、物理的に母親が目の前にいるかいないかが問題になるのに対し、母子分離の場合は、イメージとしての母親像を抱くことができるかどうかという心理的な側面が重要となる。目の前にいなくてもその存在を信じることができるということ、そしてその対象と自分の関係について信頼し安心できるかどうか、ということが問題となるのである。

母子分離に関しては、多くの場合、一過性的な不安を示すことはあっても、園での生活に慣れるに従いその不安は次第に薄れていく。しかし、なかにはいつまで経っても不安が解消されず、園生活にとけ込めない子もいる。この場合の対応としては、その不安を特別なものとしてではなくごく当たり前のこととして受け止めることがまず必要である（不安をまったく示さない子のなかには、基本的な母子関係が成立していない可能性もある）。この場所が安心できる所なのだということ、母親は決して自分を見捨てたりはしないということをその子が確信できるかどうかは、関わる保育者の対応によっても変わってくる。

## (4) 葛藤体験

自分の思い通りにいかなくて駄々をこねる、あるいは反抗する、攻撃するという行動は第一反抗期で経験するが、それらが親や家族ではなく同年代の他児に対して向けられるのは、入園後しばらくしてからである。

子ども達が少しずつ園に慣れてくると、自己主張にともなうトラブルが起こり始める。仲間に入れる、入れないといったもめ事や、物の取り合いなどを巡って、ときにはつかみ合いの喧嘩にまで発展することもある。関わる保育者としては園児同士のトラブルはできることなら避けたいし、お互いに集団生活を送るうえでのルールを守れるようになってほしい、と願うだろう。そこで喧嘩が起これば仲裁に入り、両者の言い分を聞いて悪い方を注意し、ルールを教えようとするかもしれない。

しかし、自分の思うようにいかないという対人関係での葛藤は、幼児を成長させる貴重な体験ともなりうる。例えば、自分の欲求から相手の意向を無視して遊具を独占したとしよう。相手は怒ったり、泣いたり悲しんだりする。すると、思い通りに遊べるはずなのに、なぜか楽しさは半減してしまう。逆に、自分も読みたいのに絵本を貸してもらえないと、腹が立ったり、悔しかったりする。ここで、子どもの視野は自分中心から相手をも含んだ風景へと変わっていく。

思いのぶつかり合いを通して、他者の思いというものに気づくのだ。他者との関係において、楽しさや嬉しさが自分中心のものではなく、他者の思いを配慮し、共有できてはじめて成り立つということ、そのためには自分の欲求をときには我慢し、他者と折り合うことも必要だということをここで学ぶ。葛藤を葛藤として抱え、折り合っていくことは、今後社会という人間関係のなかで幼児が生きていくうえで大切な力となる。

このように考えると、葛藤場面にどのように関わったらよいかはとても重要となる。「喧嘩はよくない」、「他者を傷つけてはだめ」と教えることも大切だが、その前に、悲しみ、怒り、腹立ちといった気持ちをまずしっかりと体験させ、自らの体験を通して、それが自分だけでなく相手も同じ気持ちなのだと子どもが気づき、理解できるようにすることがより重要なのではなかろうか。この体験が他者への配慮や共感へと繋がっていくのだ。頭だけで理解するのではなく、感情や身体も含めて真に納得するということ、これは子どもに限らず、大人にとっても難しい永遠のテーマでもある。

なお、ここでは対人間での葛藤について述べてきたが、他児との関係を精神分析で言うエスや超自我と置き換えれば、このことは個人内での葛藤、すなわち自我の葛藤としてもまったく同じことが言える。

## (5) 幼稚園での心の発達

個人の心理発達から見た育ちとは別に、日々の保育の営みから見えてくる園児達の発達というものがある。年中行事を含めた計画的な教育課程の編成や、遊びを中心とした集団の相互作用がここには大きく影響している。ここでは学年別に、対人関係の変容を中心にまとめてみる。

まず三歳児であるが、三年保育の場合、入園が子どもにとっては最初の母子分離体験となる。ここで生じる現象については先に述べた通りである。この段階では、子どもの関わりの対象は母親代理である保育者にまず向けられる。そして保育者との関係が安定したものになると、少しずつ他児に関心が向けられていく。このとき、お気に入りの場所や絵本、あるいは遊び用具が移行対象として登場することもある。

幼稚園の生活に慣れてくるに従い、子どもたちの自己主張がはっきりしてくる。それにともなって子ども同士の衝突が起こり、葛藤を体験するということ、そしてここに至って、子どもの心のなかに初めて他者が登場してくるということは先に触れた通りである。およそ四歳児くらいまではこれが繰り返される。

五歳の年長クラスになると、集団で行動することが身につき、秋の運動会が終わる頃には「自分たちのクラス」という所属感が生まれる。そして、「私たち」という一人称複数の概念がここに成立する。運動会といったもの以外に、一泊保育や生活発表会、あるいは作品展といった園の行事を計画的に配置することで、子どもの育ちはそれをきっかけに加速されていく。そして卒園を控えた二月頃には、幼児期の課題である社会化はほぼ達成され、遊びにも余裕と落ち着きが見られるようになる。

以上は大まかな記述であり、個人差や、月齢差（特に年少の場合）の影響も大きく、当然そのことは考慮されなければならない。

## 3　情緒障害・発達障害の理解

保育者にとって気になる子というのは、クラスのなかに一人や二人は常に存在し、その対応に苦慮しているというのが現状であろう。集団になじめない子、言葉の遅い子、乱暴な子……、性格や個性の範囲内から情緒的な問題と考えられるもの、そして発達的な問題と考えられるものまでその幅は広いが、最近の特徴として、そのなかでも軽度発達障害と考えられる子ども達の割合が増えてきた。情緒的な問題を抱える子への対応については、保育との協働で後述するので、ここでは軽度発達障害を中心に考えてみる。

「軽度発達障害」とは、医療介護の必要な重症心身障害に対して、障害の程度が軽いものを総称して呼ぶ名前で、正式な医学用語ではない。このなかには、1．広汎性発達障害（自閉症スペクトラム：ＰＤＤ）、2．注意欠陥多動性障害（ＡＤＨＤ）、3．学習障害（ＬＤ）、4．発達性協調運動障害などが含まれる。ただし、それぞれが重なり合う場合も多く、また専門家の間でも見方によっては診断が異なってくることもある、というのが現状である。

軽度発達障害を巡っての対応で注意すべき点は、次の三点である。まず、「軽度」と言っても集団（社会）のなかで適応していくには特別な配慮が必要だということ。脳機能に起因する障害と考えられ、障害そのものが消えるということはないので、周囲の理解・支援が必要となる。しかしその支援がうまくいけば、社会で生きていくうえでの十分な能力と可能性を持っているということ、現に社会のなかで何の遜色もなくしっかりと生活している人達がたくさんいるということを知っておく必要がある。

このことと関連して、二点目は保護者の不安、苦悩をしっかりと受け止めていくことの大切さである。軽度と言っても、保護者にとって「発達障害」という言葉の重さは私たちの想像を超えるものである。発達障害が社会的にまだ充分理解されていない現在、特に、診断の独り歩きによって多くの保護者が周囲の誤解によって追いつめられている、という状況を認識しておかなければならない。

三点目は専門機関との連携である。健常と発達障害には連続性があり、広い視野で見たら、発達障害を個性ととらえることも可能である。しかし、発達障害は外からはわかりにくいため周囲からの理解が得にくく、そのため単純に性格や個性と理解してしまうと、わがまま、あるいは育て方の問題に帰着させて保護者を追い込んでしまう。また適切な対応ができないため、叱ることによって子ども自身に劣等感、孤立感といった二次的な問題を作ってしまうという危険性がある。そのために二重の困難を抱えている子どもたちも少なくない。発達障害が疑われる場合は、保護者と協力し、専門機関と連携できる体制をできるだけ早く構築することが望まれる。

ただし、ここには保護者の障害受容という難しい問題がある。保育カウンセラーが直接、診断なり見立てをするということはないが、障害の可能性を伝えリファーを考える時点で、連携先との協力と、その後の継続的なケアが可能かどうか（リファーしたら終わり、では決してない！）を検討する必要がある。このためには保護者、園との信頼関係がまずあって、他方、地域機関とのふだんからの協力関係があるということが前提となる。

発達障害に関して、この三点が達成できたら、対応の半分以上の仕事が終わったと言っても過言ではない。これは、保護者と信頼関係を作り、専門機関と連携して対応できるようになるということがどんなに困難な作業か、ということを意味している。

## 4　幼児教育がめざすもの

多少かたい話になるが、我が国の教育についてはまず教育基本法にその基本姿勢が示され、次いで学校教育法によって幼・小・中……とそれぞれの学校の特性に応じた目的や目標が示されている。これをさらに具体化したものが幼稚園教育要領である（保育所については厚労省の管轄になるが、幼稚園教育要領に準じた保育所保育指針がある。いずれも二〇〇八年に改訂の予定）。

幼稚園教育要領では、幼児教育の基本として「環境を通して行う教育」が第一に謳《うた》われている。日常生活における人、もの、自然との関わりを通して子どもの発達を促していくというもので、そのために、1．幼児期にふさわしい生活の展開、2．遊びを通しての総合的な教育、3．一人ひとりの発達の特性に応じた指導、の三点が特に重視すべき事項としてあげられている。

小学校以上での教科を中心とした学校教育とやや違うところに、幼児教育のわかりにくさがあると思われるが、教科学習の土台となる興味や関心、そして意欲や態度を養うのが幼児教育の基本と考えられるだろう。その背景には、教科学習に留まらず、社会の中で生きていく基本的な力を幼児期に養う、ということが大きな願いとして込められている。

これを実現していくために、具体的に以下のような五つの領域が掲げられ、それぞれについてねらいと内容が示されている。

(1) **健康**　健康な心と体を育て、自ら健康で安全な生活を作り出す力を養う。

(2) **人間関係**　他の人々と親しみ支え合って生活するために、自立心を育て、人と関わる力を養う。

(3) **環境**　自然や社会の事象などの身近な環境に積極的に関わる力を育て、それを生活に取り入れていこうとする態度を養う。

(4) **言葉**　経験したことや考えたことなどを話し言葉を使って表現し、相手の話す言葉を聞こうとする意欲や態度を育て、言葉に対する感覚を豊かにする。

(5) **表現**　豊かな感性を育て、感じたことや考えたことを表現する意欲および創造性を豊かにする。

詳細は他にゆずるが（参考文献参照）、教育の目標は、幼稚園という環境での日常生活を通して、子どもの育ちをさまざまな側面から計画的に（教育課程で）促していく、ということに集約されるだろう。その際、環境をどのように理解するかが鍵となる。自然環境、園庭や教室の物理的構成、あるいは絵本や遊び用具といった教材もさることながら、保育者や他児の存在、そして彼ら彼女らとの関わりという人的環境が、幼稚園においてはとりわけ重要となるのではなかろうか。それまでの家庭環境と違って、親ではない他者、そして同年齢の子どもたちとの集団生活が、子どもにとってはまさに社会への第一歩となる。

　このように考えると、保育者の存在と関わりは、保育の営みにおいていかにその比重が大きいかがわかる。ここに他児を含めた多様な関わりが加わり、そのなかで子ども達は知的、そして情緒的にさまざまな体験を積んでいく。

## 5　保育との協働

　保育現場で臨床実践を行う際、一番大切なことは、園での保育の営みに保育カウンセラーがどう関わり支援できるか、ということである。中心となるのはあくまで保育者と園児との間で営まれる保育である、ということをまず念頭に置いておきたい。

　そして二番目に、クライエントは園である、ということである。園が求めるものを主訴と考えるなら、その要望は当然各園によって異なってくる。発達障害の支援、保護者対応、子どものアセスメント、保育者の支援など、その要望と優先順位はさまざまであろう。保育者とは違った角度からの視点を提供し、協働することで、最終的に園で営まれる保育を支援していく、というのが保育臨床の基本姿勢であると筆者は考えている。

そのためには、クリニックモデルと違って、園そのものをアセスメントしておく必要がある。園の規模（園児数・職員数・クラス構成）、園長の考えや教育理念（特に私立の場合）、職員間の関係、園の立地する地域性、そして連携できる地域の機関などをきちんとおさえておかなければならない。その枠（心理療法なら治療構造）のなかで、どういった実践活動が可能なのかが決まってくる。親との面接、園児のアセスメント、あるいは保育者とのコンサルテーションといった個別の活動（事例）は、その枠のなかでそれぞれの内容が具体化してくるものである。クライエントはまず園であり、そのなかに個別のクライエントなり個別の事例が存在するという、いわば二重構造のなかで実践が行われるのが保育臨床の特色と言えるかもしれない。

これらの活動のなかで、ここでは園児のアセスメントと保育者とのコンサルテーションについて述べる。

まずアセスメントであるが、生活集団の中での姿を見ることができる、というのが保育現場で臨床実践を行うことの大きな特徴であろう。幼児期の発達で大きな柱となる対人関係と社会性について、普段の生活場面で、しかも継続的に観察できるのは、限られた時間内での発達検査が中心となるクリニックモデルとは大きく異なる。

次に、保育者とのコンサルテーションについて、具体例をあげて説明する。

【事例】

Aは四月から三歳児クラス（年少組）に入園した男の子である。保育者との関わりは持てるのだが、友だちと遊ぶ姿はあまり見られず、やや緊張するのか、自分から何かを話すということはなかった。話すどころかAの声を聞いたという人は、保育者も含めて誰ひとりとしてなかった。

保育者が家での様子を母親に尋ねると、家ではうるさいくらいによくしゃべり、兄弟ゲンカもよくしているので、Aが園で話さないと聞き、驚いた様子だった。

四月後半に保育者からの依頼を受け、カウンセラーはクラスでの様子を観察した。その結果、言葉の理解に問題はなく、発達的な問題よりは心理的・情緒的な要因の方がより大きいと判断した。五月に入って、保育者とカウンセラーの話し合いがもたれ、Aの状態は、言語の能力には問題がないのに話せないという一種のコミュニケーションの障害で、場面緘黙《かんもく》と呼ばれていること、そして対応として、まず安心していられるような居場所を作ること、保育者との信頼関係を作ること、さらに、無理に話をさせようとしないことが今は必要だろうと話し、そのためにできる具体的な方法を両者で検討した。

Aは絵本が好きだったので、教室の隅にある絵本コーナーを本棚で囲み、Aがひとりでいられる空間をまず作った。そして手の空いたときに、保育者はできるだけ絵本を読んであげるように努めた。

保育者との関係ができるにつれて、Aの表情はだんだん和らぎ、特定のクラスの友達と少しずつ遊ぶようになっていった。しかし一学期の間、Aから言葉が発せられることはなかった。その間、カウンセラーはAの表情の変化や保育者との関係ができつつあることなどについて、何度か情報交換を行った。

夏休みが終わり、二学期に入ると、Aに変化が表れてきた。笑顔が増え、友だちと追いかけっこをして走り回る姿が見られるようになった。そして九月のある日、友だちとの間にちょっとしたいさかいが起こり、「だめ！」、「ばか！」という言葉が出てきたのである。それからというもの、悪態に近い否定的な言葉が増え、保育者は一方ではともかく言葉が出てきたことに喜びながらも、一方では、どう対応していったらよいものか、少し迷うことも増えていった。

コンサルテーションでは、否定的な言葉ではあっても、発語そのものからそこに関係ができていると考えられること、さらに、一見否定的に映るが、実は信頼関係が前提となる第一反抗期との共通点などについて話し、方向性としてこれでいいのではないかと確認し合った。

一〇月になると、ボールやぬいぐるみを友だちに向かって投げるという行為がAに見られるようになった。特に危険というわけではなかったし、今何か変化しつつあると保育者は考え、あえて注意せず見守ることにした。カウンセラーは、物を投げることと言葉を投げることの共通性を感じ、「確かに今、A君のなかで何か動いているみたいですね」と応じ、保育者の姿勢を支持した。

そんなある日の午後、保育者がクラスで絵本の読み聞かせをしているとき、Aがにこにこしながら丸めた紙くずを友だちに向かって投げ始めた。一斉保育の時だったので、保育者は迷ったが、「A君、今は絵本を読んでるんだからだめよ」と注意した。

するとAは、「トリさんが空飛ぶの！」と言って、また紙くずを投げ始めた。トリさんとは絵本の主人公で、保育者が読んでいる次のシーンで、まさに空に舞い上がるところだったのである。

このことを境に、Aは言葉で話すことが増え、はじめは保育者に、そして友だちへと話しかけが広がり、三学期が終わって年中クラスに進級する頃には、コミュニケーションの問題はほとんどなくなっていた。

前節（4「幼児教育がめざすもの」）で述べたように、保育者は園という人的、物理的な環境を通して子どもの育ちを計画的、そして主体的に導いていく教育の専門家である。これに対して、保育カウンセラーは、臨床心理学を基盤に個人の心の動きを中心に見据え、その育《はぐく》みを支援していく専門家と言える。この事例は、両者がそれぞれの特性を補完し合いながらも、最終的には保育者が中心となって、保育という営みの中で子どもの心を継続的に育んでいった、と言うことができるだろう。詳しいことは述べなかったが、保育者はクラス全体の成長と、園児同士のダイナミズムを常に考慮しながら、Aとの関わりを考えていた。これに対してカウンセラーは、あくまでもAの心の動きに焦点を合わせ、Aを中心として他児との関係を考えていった。そしてコンサルテーションでそれぞれの視点を重ね合わせることで、より立体的で双方向的な見方ができるようになり、Aのペースに合わせた無理のない関わりや見守りができたのだと言える。

（菅野信夫）

## 引用・参考文献

菅野信夫　1998　「乳幼児期における心の発達」　高杉自子・小田　豊（編著）『保育内容　人間関係』（演習保育講座７）　光生館
菅野信夫　2004　「幼稚園における子育て支援」『臨床心理学』第４巻第５号　600-605p.
菅野信夫　2006　「保育臨床の実践」　小田　豊・菅野信夫・中橋美穂（編著）『保育臨床相談』　北大路書房
文部省（現・文部科学省）　1989　『幼稚園教育指導書』（増補版）　フレーベル館
田中康雄（監修）　2004　『わかってほしい！　気になる子』　学習研究社

# 第４章　家族に対する支援

## 1　家族支援の基本的理念

　現代日本において急激な社会の変化がもたらしたものは豊かさや進歩だけではなく、それに見合う心の問題であった。なかでも家族の形態、関係の変化は意識できない速さで進行し、誰もがどう対応していいかわからず戸惑っているうちに、不安が具現化する現象だけが先行し、社会を震撼させるところまで来てしまっている。家族の形態は多様化し、父子家族の増える傾向のなかで子どもが犠牲になる事件が多発している。たとえば、幼い兄弟が、父とともに同居していた男に虐待をうけ、殺されるというやりきれない事件が起こったがその背景には、母と父、そして子どもという核家族の形態が崩壊したのち、父親と子どもの生きていく環境の厳しさが想像を超えるものであった、という現実を知らされる。その他のケースをあげるまでもなく、これだけ物質的な豊かさを享受する一方で、家族や個人が心貧しく、不安を抱えて生きることになるとは、時代のもたらした皮肉な現象ではある。

子どもの問題、家族の問題、学校の問題がこれほどに深刻化すると、子育てに行政が関与し、あちこちで家庭教育の必要性が叫ばれ、母親、父親の役割についての論議も盛んになっている。しかし、日本的家族意識、地域構造によって成り立っていた子育て環境と、そこから断絶してしまっている現代の子育て環境はまったく異なっている。従って、親、母、父は「かくあるべし」という画一化された理想イメージに基づく理論構築や、子育ては昔に戻るべきであるという論調は危険である。母性神話に閉じ込める危険性や、良い親・悪い親という評価的見方にとらわれる危険性がひそんでいるので、それは絶対に避けなければならない。われわれ自身がそういう固定概念にとらわれない立場に立つことによって、個々の親、子、家族の生きる姿が見えてくるような支援でなければならない。個人に焦点を合わせていくことで、なにが布置されているかが見え、全体が見えてくるところに、心理臨床的理念が活かされるのである。この点は親支援を考える時に特に重要な視点であると思われる。

子どもの幸せを願わない親はいない。しかし、子どものこころが見えず、親として子どもとともに生きることが幸せに感じられなくなっているのが現代である。とくに子どもの年齢が低いほど与える影響の大きい母親が、「母である現在」に幸せ感を抱けるようにすることが家族支援のひとつの核であるといえるだろう。そこを核にして父、祖父母、きょうだいを包括する家族へと支援の対象が拡大していく。

親たちが不安で、どうあるべきかと先が見えない今だからこそ、また臨床心理士に特化した支援を求められている今だからこそ、踏ん張ってじっくり「親であること」「子育て」をめぐってなにをどのように支援できるかについて、子育て支援論を構築するための議論、事例を積み重ねる必要があるのではないか。そんな悠長なことを言っている場合ではないという声ももっともであり、現実的な方法論が求められている切実な状況であることも事実であるが、一方では臨床心理士としての確かな理論構築しておかなければ、支援そのものが脆弱なものに終わってしまう懸念がある。

筆者は、家族への子育て支援は子どもの思春期までを包括するものであると考えているが、十数年間スクールカウンセリングの事業に関わっていると、人間形成の基礎である幼児期の支援の必要性を認識せざるを得ない。拠点校として中学校に配置されているスクールカウンセラーが小学校、幼稚園のカウンセリングをも引き受けるのが現在のシステムであるが、現状は件数が多くて対応しきれないうえに、幼児期の発達や支援については独自の対応を必要とされるのである。学校におけるスクールカウンセリングが認知されればされるほど、幼児期の独自性を生かしたカウンセリングの必要性が浮き彫りにされてくるのは当然の帰結であろう。

幸い、臨床心理士認定協会において保育カウンセラーの養成にむけて専門委員会が発足し、新たな理念と組織を構築する動きがはじまった。保育カウンセリングの領域は子どもの問題への支援と保育士教諭への支援、そして家族支援、地域支援であり、今後に期待される領域である。

## 2　家族支援の求められる背景

### (1)　家族の変容

　敗戦からの焼け野原から立ち直ったわが国は、戦後一貫して経済的発展と国際社会へ仲間入りする努力を続けてきた。一九六〇年代からの経済発展は、世界から奇跡の復興と言われ、発展途上国のモデルにされ、"Japan as number one"と言われるまでになっていった。一九九〇年以降のバブル崩壊は、顕在的には経済的崩壊ではあるが、この下地として教育の崩壊と人間性の破壊が、バブル崩壊より一〇年早くその兆候を見せていたといえよう。不登校の激増、学級・学校崩壊、家庭崩壊と家庭内暴力、児童虐待と子育て放棄、少女売春、衝動的犯罪と殺人の増加、シンナーや薬物の蔓延などなど、これらは家族の崩壊という、経済的破綻と同等あるいはそれ以上の重要な問題をわれわれに提起している。家族の崩壊は、意識できない速さで進行し、誰もがどう対応していいかわからないままに戸惑いと不安を抱えている。

　なぜこのようなことになってしまったのだろう。一九七〇年代に家族幻想そのものが急速に風化し、結婚だけが夢ではないという生き方や、家庭内暴力をはじめとして家族のいろいろな崩壊現象がでてきた。七〇年代後半から八〇年代は、新しい家族形態としての核家族を享受し、求め続けてきた「豊かさ」の背後で影の現象が徐々に進行した。九〇年代にバブルが崩壊して、急激な価値観の変換がおこると、離婚、子育ての不安や放棄、学歴進行からの離脱などが普通のこととなった。親にとっても子にとってもなにがいいことなのか、さっぱりわからない時代が到来した。家族の崩壊は、大きな生活、意識、組織の有りよう、生き方の再考をうながしている。

## (2) 子育て環境の変質

日本の伝統的な子育て観は、植物（農作物）を育て、育つことのアナロジーでとらえられていたようである。事実、江戸期の育児書は、たびたび子どもの育つ様子を植物にたとえているし、また明治期には、養蚕と子育てを類比させているものもある。これも「育てる」営みの共通性をとらえているのである。「育てる」行為で最も重要なのは、育つという自然の営みを中心に置くことであろう。それは手をふれることのできない領域であり、あえていえば神様に頼むほかない領域である［横山、1986］。それに対して、工業化と都市化の中での近代的育児は、むしろ工と商の倫理、つまり「作る」と「売る」によってとらえられるようになっていったと言えよう。昭和の初期でも都市で子育てされていた方々のお話には、どこか標準というものを意識し、こうやったら良いか、ああやったら良いかと工夫し、それなりに能動的に働きかけてゆく姿勢が感じられる。そこには、子どもが育つことへの、あるいは育つ子どもへの基本的な信頼を失いかける契機があったように思われる。その上、昔は、子育てに関わる親はもっとたくさんいた。出産のときの「取上げ親」からはじまり、はじめての乳をもらう「乳親《ちおや》」、名前をつけてもらう「名づけ親」などは、日本全国に広く見られた習わしであった。こうした複数の親子の結合が、共同体の広がりのなかにできていて、子どもはこの結びつきの中で育てられていったのである。地域共同体が子育てを支援していると、子育ては容易になる。親の子育て上の歪みが自然に緩和されるからである。現在の子育ての難しさの一因が、地域共同体の崩壊にあることがわかる。

男女平等思想の普及は、女性の能力による社会進出を豊かにし、女性の働く意識を変化させた。夫婦と子どもによる核家族は、夫は仕事、妻は家庭という性別役割分業によって経済機能を夫に一任し、家庭機能を妻に一任することでなんとか維持されてきた。それは三世代同居家族のしがらみから嫁を開放し、夫婦単位の家族という新しい家庭の理想像とされた時代もあったが、「家庭のなかで居場所を失った夫と家庭に閉じこめられた妻」という新しい問題を生じさせた。

女性が働く理由の一つは、女性の従来の仕事とされた家事労働では、自分の能力が開花しないと強く感じさせられることである。女性の教育レベルは向上しており、それまでも男性と同じように、あるいはそれ以上に勉強してきている。第二は、女性たちは、仕事を通して人間として豊かな体験をし、人格を豊かにするために働く。家庭から社会に出たのは、まず自分の人生を豊かなものにしたいという願いからであり、それが家庭のなかに反映することを望んでいるからである。子どものことはそっちのけで、なりふり構わず働くということではなく、働くことによって手に入れた家庭の社会化、開かれた家庭という姿を土台にして、子どもたちに人生の意味を教え、人間的な体験を深めさせることができると信じて働くのだ。

自己実現とか自己確立は、家族との関係から切り離したところにはありえない。切り離した場合、家族に何かが起こる。共働きはバランス感覚である。現在は、子どもを産み、育てることが、あくまで個人の自由意思にゆだねられるかわりに、今度は、育てることも個人の自由と同時に責任であるというのが、いまの自由競争社会である。家庭の外で働く母親が抱える第一の問題は、三歳以下の子どもの保育である。この問題には二つの側面がある。子どもを誰に預けるかという物理的側面と、子どもが果して幸福であるかという精神的側面である。そして、働く母親たちは、子どもをある種の精神的危険に直面させているとはいえないだろうか。というのは、変化によく適応する子もいれば、適応できない子もいるし、脆い子もいるのである。明治時代以来、わが国では社会の関心は子どもに向いてきたが、現代の社会は「子ども中心主義」的ではなくなってきているように思われる。

普通の父子間の相互交渉や父親のしつけに関する研究を見ると、父親には母親と質的に異なる働きかけがあり、それが子どもの発達にとって母親からの働きかけに加えて重要であるあることは見逃せない。子どもの知的発達、特に男子の知的発達に父親不在がマイナスの影響を持つことを示すものが多い。子どもが成人するまで父は必要な存在である。しかし、ひとたび子どもが独立すれば、父親の必要性は確実に下がる。このような打算から、長い間離婚を思いとどまっていた妻が、熟年離婚を求めるのかもしれない。離婚した場合に父が子どもを引き取るケースが最近増加していることも周知のとおりである。文頭に述べた先日の幼児殺害も二所帯の父子家庭が同居していた事例であった。この事件では「母」についての報道や追求がほとんどみられず、良くも悪くも新しい時代を感じさせるものであった。子にとって父とは何か？　という大きなテーマは今後の課題である。昨今の「マザーファーザー」［正高、2002］の出現は今後を考えるキーワードになるのではないかと思う。

### (3) 子育て環境の変容

いままでは子どもを産むことは自然なことであった。いま女性たちは、どのような意思のもとに、子どもをつくり、身ごもり、育てるかを意識的な課題とするようになった。現代の女性は、「子どもを産み育てることの中でこそ女性は成長する」という伝統的な価値観と、「子どものために、家庭に閉じこもれば、女性的人間的成長は止まる」という新しい価値観がともに存在する、混迷の状況に生きている。「いつも家にいる母親」＝「よい母親」という世間一般のイメージは、実は子どもが特定の個人と強い絆を必要とする発達段階にある時にのみ妥当性をもつ。それはせいぜい三年である［矢野、1990］という変化は、家族内老人福祉を原則としなくなった現代の経済上の理由と考えられなくもない。

現代女性が個性を確立する生き方と、母性という本能は、ベクトルが逆方向であるような気が筆者にはしている。心の中の母性を否定し、出産し子どもを抱えながらも現実感が薄く、生物的感情に素直になれない、自然の心の流れに従えない、子どもに対して自然な愛情を表出することができないという、心の乖離が起こっているように思われる。

母性の二重性は慈しみと虐待である。心理的に自分の子どもを虐待する行為は人間だけに見られる現象である。人間以外の霊長類の親も、時々自分の子どもを罰するが、親自身が社会的に孤独で育てられた場合や檻でのストレスのため行動が異常になっている場合でない限り、子どもにむごいことをすることはまれである。

虐待を受けた子どもに共通するのは、過度の攻撃性、貧困な自己概念、他者を信頼する能力の欠如、人間関係における逸脱行動・不適切な愛着行動、およびディタッチメンであり、虐待傾向のある親の特徴として衝動性や攻撃性の高さが、そして虐待を生じる家族には社会的な孤立傾向があることが見出されている。

また過保護の母親、娘気分の母親という両方に共通して欠けているのは、社会的視野であり、「社会的視野をもった母性がなければ、子どもをとりまく環境はよくならない」と矢野も指摘しているが、これは従来父性の役割だったはずである。父性の欠損が母性に過大な役割まで押しつけているのが現代という時代なのかもしれない。

## (4) 親と子の心の乖離

ラカンは母のイマーゴ（イメージ）が生と死に深く関係していることを指摘し、子どもにとって母（母性）は絶対の必要者であり、生死をわけ、成長に不可欠の存在である、としている［Lacan,1938］。それと同じくらい、母にとって子が絶対であるかどうかは疑問であり、母子両者の気持ちの乖離が、さまざまな子どもについての問題を引き起こすベースになっているように思われる。

家族形態や家族関係の崩壊は、子どもの「育ち」の環境を一変させるが、そのなかでも最も大きな影響は、内的な気持ちの自己表現が封じ込められてしまうということである。

母ではなく、父と子のエピソードになるが象徴的なものを引用したい。一二歳という早すぎる自死の後、遺稿が『ぼくは12歳』（筑摩書房、1976）という詩集にまとめられ話題となった岡真史君のお父さんで、作家の高史明氏は、真史君についてたくさんのエピソードを書いている。漫画を描きながら苦しそうに嗚咽を繰り返す真史君に対して「苦しむぐらいなら漫画を描くのをやめろ」と怒鳴ってしまって以来、真史君はぴたっと、漫画を描かなくなったというのである。彼にとって心の葛藤をかかえて苦しい心境を表現する唯一のそして最大限の「表現」手段が漫画を描くことであったこと、そしてそのことをお父さんにわかってもらいたかったからこそ、書くことを止めてしまったのだと察することができるが、結果として真史君の自己表現は封じ込められてしまった。

このような親と子の心の乖離によって起こる子どもの自己表現の封じ込めは、親が単に忙しいために見逃したとかということだけではなく、親の価値観、親の不安定な心理状態などのために起こるものである。家族のぬくもりを失い、自分のありのままの自己表現が封じ込められてしまうと、人は無意識に攻撃的なエネルギーを溜め込むことになる。以後の人生途上で、子どもの心を開くことのできる大人に出会えれば自己表現の機会を得てそのエネルギーは消化されるが、不幸にしてそのような大人に会えないこともある。その場合溜め込まれた攻撃的エネルギーは、非行や犯罪に関わって暴発する可能性が大きくなる。

## (5) 「子育て」と「母性」

### ①母と子

野生動物の場合、育児中に母親とはぐれたり、母親が死んだりすると、子どもは死んでしまう。母親のいない間に他の動物から襲われる危険性が高い。人間にとってもそれは同じことで、子どもにとって母親は、肉体的・精神的成長において何ものにも変えがたいものであることは疑いがない。ただ、人間の場合は、人工乳により親の代理が可能であり、実母でなくても、父親でも祖母でも、遺伝子の繋がりがなくとも、子どもの養育は可能である。精神的に病んだ両親よりは、健康な養父母のもとでのほうが健康的に育つことも知られている。代理出産のように、他の女性の子宮だけを借りた子どもの出産まで見られるようになった現在、子どもにとっての母親の要因は（母親にとっても）ますます複雑化していると言えよう。どれほど複雑になっても、子どもにとって親子関係は母性生育に大切な要件であり、イメージとなって後々まで影響する。特に、授乳行動と授乳時の母子関係は、子どもの成長に重大な影響を持っている。ラカン［1938］は、「離乳複合は、心的作用のなかで、養育関係を人間の幼児期の欲求が必要とする寄生的様式のもとに固定する。それは母親のイマーゴの最初の形態をなしている。」「患者は、自分を死へゆだねるなかで、ふたたび母親のイマーゴを見つけだそうとする」としている。出産以前の胎児の状態への回帰が、古代の埋葬方式（屈葬）に見られるのも、母子関係が生と死のイメージに繋がっていることを示していると言えよう。

### ②自己犠牲性

筆者は「母性」機能の最たる特徴は、自己犠牲性＝献身にあると考える。それは、自身の子ども、またはそれに代わる存在を思いやり、どこまでもその可能性を信じ大切にすることで、自分自身の可能性もまた開かれていく、というものである。自己犠牲性＝献身によって、見返りを求めないアガペの愛を実現できることは、子どもとの関係において最も体験しうるものであろう。

「母性」の根本は非常に本能に近い。しかし昨今は、子どもを産み育てることの価値が低くなってきてはいないだろうか。現代に生きる日本人女性たちが自我の確立を目指すとき、母性はそれを阻むものとして現れる。「母性」は良くも悪くも自己犠牲的エネルギーを他者につぎこむことで成り立ち、そのことが自己の喜びとして感受されるものであるが、生物的で誰にでもできるあたりまえのことであるというイメージ、そして過去女性たちが恨みをこめて語る女の哀しみの根源としてのイメージが強い。一方で、自我の確立をめざし、さっそうと社会的進出をめざしている女性にあこがれを抱かずにはいられない。このような女性たちのエネルギーを「母性」に対して「自己性」と定義すると、「母性」と「自己性」のあいだの葛藤状況が、現代女性のこころに亀裂を作り出していると言えるのではないだろうか。どのような選択をするか、それが女性たちにとって苦しい課題なのである。あれかこれかではなく、あれもこれもが理想であるが、その両立の凄まじさが予測されるので、よほどのモティベーションがなければひるんでしまう。

少子化現象は、母性よりも自己性に引っ張られる女性たちが圧倒的に多くなってきていることの現れである。もちろん母性的な生き方を選択する女性はたくさんいるし、女性性と母性性との拮抗を体験せずに両立している女性もたくさんいる。しかし、若い女性たちが、子どもを産んだら「自分が損をする」、産むことは拒否しないが子育てのエネルギーは「損失である」、と少なからず感じるもしくは感じさせられることが、少子化現象に影響を及ぼし事態を深刻化させている。

しかし現代において子育ては国を挙げて真剣に取り組まねばならない課題となった。現代の女性は、「子どもを産み育てることの中でこそ女性は成長する」という伝統的な価値観と、「子どものために、家庭に閉じこもれば、女性的人間的成長は止まる」という新しい価値観がともに存在する、混迷の状況に生きているのである。自己性を追及しつつ、なお母性をも受け入れて生きることを理想とする女性が多くなり、そのことを可能にする社会とする努力が必要である。

### (6) 子どもの心の崩壊と再生

心理的に自分の子どもを虐待する行為は人間だけに見られる病理的現象であることは先に述べた。虐待を受けた子どもは、西沢［1994］によると、「周産期の異常や乳児期の疾病が多い。育てにくい子どもである。知的障害や身体障害がある。また、母親自身の被虐待体験に未熟児出産という要因が重なった場合。子どもへの虐待が生じるリスクが高く」

なるという。しかし、多くはこれらの場合の多くは、周産期における、多分に遺伝的・本能的性質に依存する問題であり、周産期であるがゆえに、母親には献身を発動する機会が失われている。

子どもに障害があっても、なんらかの形で母子関係が形成されると、虐待とは逆に、子どもの障害が普通より深い親の慈しみを生じさせる場合が少なくない。これは、子どもが親の行動パターンを強く学習した結果であると考えられる。そして、この学習は親以外の対人関係や社会的関係に汎化していくのである。自らが依存性の高い親にとっては、依存的な存在である子どもとの関係は非常に高いストレスを生じる。依存的な親は、自らが依存できる対象や環境がないと、溜まりにたまったストレス性のエネルギーが、外へ向かう攻撃となる。このことは親に依存できなかった時の子どもが、かんしゃくを起こしたり、他児への攻撃となると類比できる。また、依存性が高いことは、それだけ親自身が子どもっぽいといえる。「虐待傾向のある親の特徴として衝動性や攻撃性に高さが見出されている」「社会的に未熟な状態にある親が子どもを虐待しやすい」「自己評価が低く自信が持てない母親は、自分の周囲で起こる出来事を自分の責任であると捉える傾向がある」「虐待を生じる家族には社会的な孤立傾向がある」という西沢の結果と一致する。また、虐待された子どもの約50パーセントは、虐待する親になる、とも言われている。

虐待以外にも離婚や少子化、虐待などは、子供の対人関係の発達を阻害し、子どもの不安定を引き起こし、深刻な心の崩壊を招いている。暴力や非行、そして不登校と際限のない問題の拡大は、われわれを不安にさせる。

虐待を予防し、子どもの健全な発育と家族の再生を支援すること、そして一人一人が幸せ感を持てるような社会にするためにわれわれ大人は何をすべきかを真剣に考えるのが責務であり、保育カウンセラーの重要な家族支援である。

## 3　家族に対する支援

### (1)　専門家による家族支援の実際的課題

#### ①支援関係の樹立

筆者が幼稚園の親に対して行った調査によると、親が求めているのは、「子育て」に関する具体的な相談を気軽に聞いてくれる信頼できる専門家であった。最も多かったのは、日々接する生活レベルの子どもに対する疑問、たとえばしつけ、友達関係、兄弟関係、しかり方などについて具体的な対応を求めるものである。子どもの理解できない行動に対して困り果て、何を頼りに判断したらいいか、迷っていても聞けるような親しい人間関係がない親たち、自分の子育てを責められそうな関係は避けようとする親たちの姿がイメージされる。アンケートの項目で「困ったとき誰に相談するか」という問いに、「夫」と答えているのが90パーセントに達し、インターネット、友人がそれに続く。実母や姑という回答はほとんどなく、身近な子育ての経験者が相談の相手に選ばれていない現実がある。責められず、説教されず、暖かく接してくれる理想の相談相手が「夫」なのである。

個性を確立するという生き方を取り入れ、価値ある生き方とする現代女性において、出産し子どもをかかえながらも、どこか現実感が稀薄で生物的感情に素直になれない、自然の心の流れに従えない、子どもに対して自然な愛情を表出することができない、という、心の乖離がおこっているように思われる。現代文化は、わが子に対する素朴な愛情の表出をも阻止するように働いているのかもしれない。原初的母子一体感の世界は、すべてあるものをあるがままに認め、許し、受け入れる世界といえる。物事を区分したり裁いたりする規範的原理ではなく、総てのものを無差別に包み込む抱擁的原理である。「母性」とは愛ではなく、「情」であり、没社会的な本能で、自己愛の一形態であるという面も持っている。

人間の場合は、学習による母性性の獲得が高範囲を占めており、実母だけが母性を持っていたり発揮できたりするのではなく、子どもに愛情をもって関わる大人の全てが母性的行動をすることができる。このことは逆に、たとえ実母であっても、何らかの要因により、難しい子育て（難しい子ども）に当たった場合や母親に母性的行動が学習されていない場合に、母性的行動が取れないことが起こる（動物園で育てられた動物は、高等になればなるほど、繁殖率が低くなる。異性に対する興味がなかったり、母性的行動が取れなかったりする）。野生動物の場合でさえ、第一子に対しては、母親は不器用で、子育てが下手なことが確認されている。子育ての能力は体験によって培われるものなのである。また、育児経験者の指導によって、育児行動が改善され、母性的行動が子どもに伝達されやすいことも知られている。

### ②発達障害の理解

親は誰でも、自分の子どもの発達について不安を持っている。インターネットで調べたり、身近の他子と比較するなどして、それを判断しているようである。発達障害について相当高度なレベルの知識を持っている人も少なくない。しかし、そのことが必ずしも子育てによい影響をもたらすとは限らない。子育て支援担当者の理解も心もとない現実もある。特別支援教育を充実させようという方向性が打ち出されている現在、不必要な不安を取り除き、有効な支援につながる理解を親にも支援担当者にも浸透させる努力が求められているだろう。

### ③母親としてのメンタルヘルス

母になりたがらない女性たちについてはすでにさまざまな分析がなされているが、虐待、子育て拒否のケースは増加する一方である。孤立感からうつ、神経症を発症するケースや働きたい欲求を抑圧している被害感をつのらせ、夫婦関係を悪化させているケースなども多くなっている。母が「母であることに幸せ」な実感をもてない状態は子どもにとっては不幸なことである。子どもにとって必要だから○○しなければならないという要求は辛いだけで、子どもの存在が自分の幸せを奪っているものに思われてくる。子育てのエネルギーは、母であることを喜べるところから湧き出てくる。母にとって子どもの存在が必要であるとの感覚を育てることも、われわれ臨床心理士の重要な使命であると筆者は考えている。

### ④親自身の抱える心理的問題

親自身の抱える人生の課題、神経症に対するセラピューティックな対応の機会を子育て支援の範疇にくわえることが必要であるケースがあり、機関との連携の必要性を論じなければならない。筆者の体験では、ある幼稚園で多重人格症状を持つ母への対応に四苦八苦したケース、医師にかかり、筆者のカウンセリングをうけているが、夫とのけんかで不安になって女性センターへ電話をかけたところ、DVと判断した相談員に勧められて即母子寮へ入所したケース、離婚訴訟で親権を争っているケースなど、教育機関、精神科医、地域との緊密な連携をしなければ全体の情報がなく、一部の情報だけで判断しているととんでもない方向へ行ってしまう危険性がある。

### ⑤夫の子育て参加――「マザーファーザー」の出現

核家族での子育ては母だけではできないが、夫以外に相談したくない傾向がみられ、（一方では実母にべったり依存する場合も多いが）調査によると母の子育て相談の相手は高い確率で「夫」であることは先に述べた。子育てを相談する相手を切に求めながら一定の条件に合う人でなければ相談はしないという傾向を感じ取ることができる。夫は、妻の不満を受け止め、子育ての疑問に答え、ミルクやオムツ交換など子育てそのものをしてくれることを期待されている。

父が参加しなければ、もはや孤立した核家族における子育ては限界に来ており、父が協力することは好ましい現象ではあることは確かだが、父性というよりも第二の母の機能を果たすことになっていないかという懸念がある。わからないままに協力する父の「子育てモデル」は、母であり、ここに第二の母が誕生する危険がある。父性の不在（いるのにいない）や家庭における父性機能と母性機能のバランスがますます失われていく現象が生まれている。正高教授の指摘による「マザーファーザー」という概念は、現代日本より失われてしまった「父性」を指摘している。母性機能と父性機能のバランスが壊れた家族の中でどのように子どもが育つか、疑問を感じずにはいられない。子育て支援をしようとするわれわれにとって考えなければならない今後の大きな課題であると思う。そのような現実から、「親代わりを果たせる親しい他人」による支援が求められる。かつ、相談されても困惑するばかりの夫を支援するような「核家族への支援」が必要である。

このように見てくると、家族の支援の第一はとくに子どもの発達初期は子育てに主として関わる「母」への支援である。現在さまざまな子育て支援が工夫され、実施されている。いずれも母が孤立せず、開かれた子育てができる環境を提供しようとしている。筆者は、母である女性が「母である自分の現在」に幸せ感を抱けるようにすることが子育て支援の核心であると信じて疑わない。個人が幸せに生きることが社会全体の福祉につながるという考えが浸透することが現代社会に求められている課題である。第二は父の子育て支援である。これについては先述したので割愛するが、マザーファーザーの出現について、子育て支援のなかで父性の育ちをどうするのかは大きな課題である。第三は、家族のありかた全体を視野にいれて助言し、支援できる存在である。祖父母の機能、そしてスクールカウンセラーと同じイメージで捉えることのできる「保育カウンセラー」の職能を確立させるべきである。

離婚直後、単親家庭の問題、父の子育てのあり方についての議論も今後の課題である。単親家庭はますます増加する傾向にあり。それらを視野に入れた支援の確率が望まれる。

### ⑥支援システムの構築

子育て支援はソフト面だけではなく、ハード面も重要である。すなわち、臨床心理士が独自に実施できる親支援のシステムを構築することである。多くの研究者が模索をするなかで、行政レベルでの支援のひとつとして、カナダのプログラムが日本で実施され始め注目されている。定着し、効果をもたらすことが期待されている。その他にもＮＰＯによる地域支援、市町村によって設定された子育て広場の拡大、経験者が個人的に立ち上げたボランティアグループなどがすでに活動している。今後その知恵を寄せ集めて理論構築へと進んでいきたい。

（東山弘子）

## 引用・参考文献

東山弘子　2006　『母性の喪失と再生』　創元社

Lacan, J. 1938 *La famille : le complexe, facteur concret de la psychologie familiale. Les complexes familiaux en pathologie.* Encyclopédie Française. Larousse, Paris.（宮本忠雄・関忠盛訳　1986　『家族複合』哲学書房）

正高信男　2002　『父親力』　中央公論新社

西沢哲　1994　『子どもの虐待』　誠信書房

横山浩司　1986　『子育ての社会史』　勁草書房

矢野隆子　1990　「成長を支える家族」　矢野裕俊・埋橋孝文・矢野隆子・埋橋玲子　『教育・仕事・家族――ゆとり・ゆらぎ時代の生活システム論』　啓文社

# 第5章　保育カウンセリングの実際

# 第1節　日野市の場合

## 1　行政からのスタート

東京都日野市教育委員会は日野市のすべての子どもの健やかな育ちを支援する事業の一つとして、平成一八（二〇〇六）年度に保育カウンセラー制度を確立した。平成二〇（二〇〇八）年度までに公立幼稚園五園（全園）と私立幼稚園七園（全一〇園中）において、一園につき年一九回、臨床心理士が終日勤務する体制をとっている。

この事業の始まりは、平成一六（二〇〇四）年度文部科学省「新しい幼児教育の在り方に関する調査研究」において、日野市公立幼稚園三園で保育カウンセラーの導入を試行したことによる。その成果を踏まえ、翌一七（二〇〇五）年度、日野市教育委員会は行政の管轄が異なる私立幼稚園にもこの新しい事業への参画を呼びかけた。そして、同年一〇月、公立幼稚園園長、私立幼稚園園長、保育カウンセラーらに事業の説明を行い、すみやかに実践に移された。それぞれの幼稚園では園ごとの特徴を活かして、保育カウンセラーをよりよく活用する工夫がなされた。そして、平成一八年三月に二年間の成果をまとめた研究発表会が行われ、実践事例集が参加者に配布された。この実践と研究が基盤となり、日野市保育カウンセラー事業は制度化された。

このように、日野市では子育て支援の一環として教育委員会が保育カウンセラーを導入し、市内の公立・私立幼稚園に臨床心理士の配置を展開しているところが特徴と言える。

## 2　保育カウンセラーの一日

幼稚園の一日は職員朝礼の後、九時に登園する園児を一人一人迎え入れることから始まる。そして、午後二時の降園まで幼児三〇名とともに休みなく活動する幼稚園教諭のタフな仕事ぶりの傍らで、保育カウンセラーはむしろ定点観測的に存在すると言えるかもしれない。一ヶ月に一度か二度の頻度で出会うからこそ見える子どもの変化をとらえることができればと思う。子どもを理解するには、その子の行動の背後にある思いを推しはかりながら観察したり、関わりを持ったり、お弁当を一緒に食べたりもする。そして、一日を終えて母親と出会うときの様子も子どもの理解を助けてくれる大切な場面である。

このように、保育カウンセラーにはいわゆる相談室で待っているカウンセラーというイメージは当てはまらない。園の生活における日常の場面で子どもと関わりを持つことができ、子どもの成長や変化の経過を見守ることができるのは保育カウンセリングの醍醐味である。保育カウンセラーの活用の仕方は、幼稚園によっても、あるいは同じ園でも日によってさまざまであるが、大まかな一日の流れをいくつか例示すると**表1**のようになる。

## 3 保育の場における観察――関与しながらの観察――

保育の場に身をおいていると子どもたちのさまざまな活動やぶつかり合いにも出会う。どのような場面でも、外側から眺めるだけでは見えにくい子どもの思いや心の動きに目を向けているのが保育カウンセラーである。そのような観点から眺めたり関わったりした子どものエピソードをもとに保護者や保育者と話し合い、子どもの理解を深め、子どもとの関わりに活かしたいと思う。

【エピソード1】　正子（以下のエピソードの名前はすべて仮名）のストレス

その日は図書館バスが園に来る日で、保育室では子どもたちが先生の説明を聞いていた。保育室用に借りた図書を分担してバスに運ぶため、担任が一人一人に本を配った。正子は配られた本を膝に置き姿勢を正して座っている。隣の男児が「この本イヤダ！」と騒ぐと、正子は「読むんじゃないから、返すだけだから」と先生の説明をくり返し伝えた。それでも「イヤダ！」と聞き入れない男児の対応に困り、正子の表情はこわばっていた。

**・正子の母親の個別相談**

表1　園における一日の流れ

| | 午前 | 昼 | 午後 | 降園後 |
|---|---|---|---|---|
| A | 関与観察・個別相談 | お弁当参加観察 | 子育て講座 | ミーティング |
| B | 関与観察・個別相談 | お弁当参加観察 | リラクセーション | ミーティング |
| C | 行事参加観察 | 園長と打合せ | 関与観察・個別相談 | ミーティング |
| D | 関与観察・個別相談 | お弁当参加観察 | 子育て懇談会 | ミーティング |
| E | 未就園児子育て広場 | お弁当参加観察 | 関与観察・個別相談 | ミーティング |

小児科では異常なしと言われたものの、外出に支障をきたすほどの正子の頻尿に困りはてた母親は、育て方が悪かったのかと落ち込んでいた。保育室で観察した正子の様子からストレスを抱えて緊張している様子がうかがえたので、親子で楽しく行えてリラックスできるタッピング・タッチ*を提案した。心配のあまり不安な表情の母親にタッピング・タッチを体験してもらうとほっとしたような笑顔が戻った。さっそく家庭で「お楽しみ」と名づけたタッピング・タッチを行うようになり、正子の頻尿はまもなく改善した。その後も就寝前の忙しい母親に毎晩「あれやって」と催促する正子に「もういいんじゃないの？」と面倒くさがると、「だってあれやると怖い夢を見ないんだもん」と言われて母親は驚いた。その意外な事実と「お楽しみ」による関わりの効果を知らされた母親は、気持ちを新たにしてその後も続けているとのことである。

**・考察**

生真面目な正子にとって日中の生活の中で消化しきれないさまざまな体験がストレッサーとなり、頻尿がストレス反応として現れたと考えられ、ストレス対処法の工夫が急務であった。そこで、頻尿をめぐって親子の間に生じている緊張した関係を和らげるために親子でできるタッピング・タッチを紹介し、実際にやりとりしながら母親にその手法を教えた。新たな関わりの手立てを得ることができ、その心地よい体験を通して母親自身の不安が軽減して心にゆとりができた。母親はこの実体験を正子との関わりに生かして、正子の安心感を育むという母親本来の役割を回復することができた。幸いにも「お楽しみ」のや

**タッピング・タッチ**

中川一郎氏の考案によるもので、指先の腹のところを使って、軽く弾ませるように左右交互に優しくたたくことを基本としたホリスティック（統合的）でシンプルなケアの技法。ここでは、子育ての日常で気軽に行える簡単な技法として母親に伝授した。身体的には心地よい実感が得られ、心理的には安心し、リラックス感が得られるため、その結果として不安や緊張感が緩和する。交互にやり取りすれば、親子の楽しいコミュニケーションとなる。

りとりで安心して眠りにつくことができた正子は、質のよい睡眠が保障され、その結果ストレス反応が消失した。

【エピソード2】　鉄男「僕は本当は鉄棒をやりたいんだ」

登園をしぶることが続いていた鉄男は、母親に手を引っぱられて一時間も遅れて来た。「毎朝家を出る間際になるとぐずるので…」とため息をつく母親に「ご苦労様でした」とその労をねぎらった。鉄男は園庭の隅の鉄棒の所に一人でいた。筆者は「こんにちは」と鉄男に挨拶をしてしばらく一緒にいると、「リレーしよう！」と友だちが鉄男を誘いに来た。園庭の真ん中では子どもたちがリレーの人数集めをしていた。鉄男は困ったような顔をしたまま手を引っぱられて行った。見ていると、鉄男はそろりそろりと抜けようとしたが友だちにまた引き戻されている。そこで筆者も「いーれーて！」と仲間に入れてもらい並んでいたが、リレーはなかなか始まらない。すると鉄男は筆者に向かって「僕は本当は鉄棒をやりたいんだ」と思い切ったようにささやいた。筆者は「そうなんだ、鉄棒をやりたいんだ」とその思いを受けて、「じゃあ行こう」と人数合わせが難航している隙に二人でソーッと列を抜けた。見つからずに鉄棒に戻れた鉄男の目は生き生きとしてうれしそう。その勢いで鉄男は前回りに挑戦し始めた。「できた！」と叫ぶと、近くにいた園長先生に「見て！」と披露した。遠くにいた担任の手を引いて来て「できるよ」と披露した。帰りの会では担任に促されてクラスのみんなに「今日僕は前回りができました」と報告して拍手をもらった。もちろん迎えの母親にも前回りを見せた。二週間後に保育カウンセラーがこの園を訪れると、鉄男の登園しぶりは消失していた。

**・考察**

この日の朝、保育カウンセラーは園長から「自分の思いをなかなか言えない鉄男の様子を見てほしい」と言われていた。それで、鉄男の行動の背後にある思いをできる限り理解したいという心持ちでそばにいた。すると、誰の目にもとまらず消極的にも見える行動の中で鉄男の思いが言葉をなした。その思いを大切に受けとめてそっと応援すると、鉄男は次の一歩を主体的に踏み出し、そして念願の前回りができた。この達成感と、思い切って自分の思いを述べたら良い結果につながったという成功体験は鉄男のこころを成長させる。園長が機をとらえてうまく保育カウンセラーを活用し、すべてを把握している担任が帰りの会で鉄男にうれしい報告を促すなど、この機をさらに生かした。「自分の思いを伝える」という課題を鉄男自身が乗り越えていくプロセスをここに見ることができる。そこに関わる大人たちのさりげない支援がうまくつながっていく経過も見える実践と言えよう。

【エピソード3】　腹が立ったら水を飲む

数人の男児が戦いごっこや追いかけっこをして広い園庭を走り回っている。その中に立夫がいた。数分後、一人ぽつんと園庭の縁石に座って遠くの仲間を目で追っている彼の姿を見つけた。やがて、指をくわえて少しずつ仲間に近づいて、遠巻きにしてついて行く。仲間がいっせいに走り始めると、立夫はそれを追いかけた。逃げまわる仲間に、地面の何かを拾って投げつけた。「あーっ、投げたらいけないんだよ」ととがめる仲間に囲まれた。涙をにじませて両手を握りしめた立夫から、「逃げろ」とみな走り去った。筆者は一人取り残されて涙を拭きながらたたずむ立夫のそばに行き、彼の斜め後ろにしゃがみ「悲しいね」とつぶやいた。すると、立夫は走り去った仲間を見たまま首を振って否定する。「悔しいね」にも首を振り、「腹が立つね」に立夫はうなずいた。そこで「腹が立つ」と立夫の身になってくり返すと、振り返って筆者を見てもう一度うなずいた。「腹が立ったときはどうしようかね？」とたずねると、立夫は「水飲む」と言う。「それはいい方法だね、水飲もう」と一緒に水道のところまで歩き、ゴクゴクと水を飲んで一息ついた。「おいしいね」と言う筆者に「うん」と答える立夫の顔ははにかむようにゆるんだ。

・**考察**

筆者は立夫の内面で生じている感情を受け止めて言葉に置き換えて伝えようと思った。そのためにはその感情を的確にとらえねばならなかった。気持ちを正しく受け止めてもらえてはじめてネガティヴな感情の内圧は少し下がり、子どもの気持ちは回復に向かう。このような体験が積み重なることで感情を自己コントロールする力が身についていく。

## 4　保護者への多様な子育て支援

幼稚園における子育て支援の取り組みは、保育カウンセラーを活用して多様なかたちで行われている。個別相談、グループ相談、懇談会、子育て講座、講演会、リラックス法など、各園の状況に合わせて工夫のある取り組みがなされている。個別相談は保護者の希望により予約制で行われており、時間は四〇～五〇分、場所は職員室隣の保健室を兼ねた小部屋を用いている。その他の取り組みはお迎えの時間に合わせて（午後一時～二時）ホールで行われることが多い。これらの取り組みを保護者がどのようにとらえているかについて、平成一九年一月に公立幼稚園保護者四一〇人を対象にアンケート調査が行われ、三一五人から回答を得た。その結果は、日野市保育カウンセラーアンケート作成委員会により「平成一八年度『保育カウンセラーについてのアンケート』調査報告書」にまとめられた。アンケート結果によると、個別相談、講演会、懇談会における保護者の利用状況は以下のようである。

・個別相談を受けたことがあると答えたのは八五人（27％）。

相談した内容（複数回答）は、子育てに関する悩み（六〇人）、兄弟姉妹に関すること（二八人）、子どもの発達（障害を含む）に関すること（二三人）、保護者自身の悩み（一九人）、子どもの幼稚園における友だち関係（一五人）、就学について

（七人）、保護者同士の悩み（四人）、その他（八人）。

相談した結果（複数回答）、話を聞いてもらって安心した（六一人）、よかったからまた相談したい（三七人）、就学後も続けて相談したい（三一人）、アドバイスを実行してみた（三〇人）、子どもに対する見方が変わった（二五人）、子育てを認めてもらえて嬉しかった（二一人）、悩みが解決できた（二〇人）、子育てにゆとりが持てるようになった（一六人）、その他（七人）。今後、機会があれば個別相談を受けたいと答えた保護者は79％であった。

・講演会を実施した園の保護者二五〇人のうち、68％の保護者が講演会に参加したと答えている。

参加理由（複数回答）は、子育ての参考になるから（九四人）、園行事に組み込まれていたから（七六人）、講師が保育カウンセラーだったから（五一人）、専門的な話を聞きたかったから（四五人）、テーマに興味があったから（四二人）、先生に勧められたから（二一人）、その他（二人）。

参加した結果（複数回答）、子どもとの関わり方の参考になった（一〇九人）、よかったからまた聞きたい（八九人）、カウンセラーに親しみを感じた（五二人）、個別相談も受けてみたいと思った（三七人）、自分の視野が広がった（三四人）、子どもの見方が変わった（二五人）、子育てについての不安が軽減した（二四人）、父親にも話を聞いてもらってよかった（一七人）、子育てが楽しくなった（五人）、子育てに自信が持てるようになった（二人）、その他（一五人）。

・懇談会を実施した園の保護者二五五人のうち、48％の保護者が参加したと答えている。

参加理由（複数回答）は、保育カウンセラーに興味があったから（六六人）、保育カウンセラーが参加する懇談会だったから（四九人）、テーマに興味があったから（三九人）、園行事に組み込まれていたから（三一人）、子育てについて相談したいから（一七人）、先生に勧められたから（九人）、その他（四人）。

参加した結果（複数回答）、子どもの関わり方の参考になった（七三人）、他の人の話が聞けてよかった（六二人）、保育カウンセラーに親しみを感じた（六〇人）、子育てについての不安が解消した（三八人）、自分の視野が広がった（二九人）、個別相談も受けてみたいと思った（二八人）、保護者同士のコミュニケーションの輪が広がった（二七人）、よかったからまた参加したい（二二人）、他の人にも勧めたい（二一人）、子どもの見方が変わった（一八人）、悩みが解決できた（七人）、子育てに自信が持てるようになった（五人）、子育てが楽しくなった（四人）、その他（一四人）。

・今後、希望する講演会や懇談会のテーマは（抜粋）

子どもへの叱り方、ほめ方、兄弟姉妹に関すること、いじめについて、しつけについて、食事について、おねしょについて、虐待について、年齢別の子どもの育ち、思春期を迎える子どもたちへの対応、発達障害児との関わり方、子どものやる気を引き出すコツ、子どものコミュニケーション力を育てる、親同士の関わり方、ストレスの上手な解消法、など。

以上のアンケート結果によると、保護者は身近なところで相談できる保育カウンセラーを上手に活用していると言える。講演会や懇談会では、子育ての難しさや相談事のみならず、子育てを通して保護者自身が学び、親として成長したいと思っていることがうかがえる。

動作を用いたリラクセーション*は筆者が取り組んでいる手法である。緊張をゆるめて、育児ストレスを緩和し、こころのゆとりを取り戻すのに成果をあげている。また、親子でできるタッピング・タッチを紹介し、手軽で楽しいリラックス法を体験的に会得することを大事にしている。保護者は月に一度のエネルギーを充電する場として活用している。

また、送迎時に園庭にいると保護者が声をかけてくれる。個別相談で出会った保護者が後日談を報告してくれたり、予約をするほどではないがと小さな気がかりについての相談も少なくない。保育カウンセラーにとっても心に残る子どものエピソードを保護者に伝える良い機会なので、送迎時のひとときを大切にしている。

## 5 職員ミーティングにおける子ども理解

【エピソード3】について、担任からは「自分の思い通りにならないとかんしゃくを起こして乱暴になるので友達がだんだん離れているが、それを注意しても変わらない立夫に

**動作を用いたリラクセーション**
成瀬悟策氏が提唱した臨床動作法は、人の動作という視点から、「こころだけ」や「からだだけ」にとどまらず、健やかな人の営みをはぐくむ心理援助法である。子育て中の母親に多い肩こりや腰痛が緩和されるだけではなく、緊張をゆるめるというからだを通した動作により、こころの活動が活性化する効果がある。ここでは、子育て支援の一環として保護者グループを対象に、ねぎらいのリラクセーションワークとして楽しく行っている。

困っている」と相談があった。保育カウンセラーの観察では、立夫は自分の中に湧き起こってくるネガティヴな感情を「怒ってる」ときちんと自覚し、その感情をなだめる術として指をくわえたり水を飲むという対処により一人で自分を立て直すことができる子ととらえた。その上で、困ったときや気持ちがくじけたときに、大人に訴えたり頼ろうともしない立夫の姿をどのように考えたらいいのか、について担任が普段見ている立夫の様子と照らし合わせて検討した。転んで痛いときも気持ちがくじけたときも一人でなんとかしている立夫に、大人に甘えてなだめてもらう安心な体験を得てもらいたいし、そのような安心と信頼の基盤に支えられた自律に向かうプロセスを支援する方向を目指したいと思う。翌月、担任からは、このような理解に立つとおのずと立夫を見る目が変わり、関わりの工夫ができるようになった、と報告があった。

【エピソード4】　わかりにくい賢児の困難と生きにくさ

**・読み聞かせ**

外部講師による行事で全園児がホールに集まった。四歳児は上履きを脱いでござの上に座り、五歳児はその後ろでイスに座って聞く。五歳の賢児は昨年とは見違えるほどイスに座ってはいるが、考え深い表情をしたり、時には不安な表情になったり、かなり忙しく心が動いている様子がうかがえる。賢児は目線の先で四歳児の脱いだ上履きを気にしていたが、すばやくイスからすべるように降りるとライン上に整然と上履きを並べた。それは大変ていねいな仕事ぶりであった。イスに戻った賢児を介助員は

「偉いね」と褒めたが、賢児は嬉しい表情も見せず真顔で上履きの列を確認している。読み聞かせの絵本のなかに解せない内容があり「羊がライオンを食べることはありえないよね」などと納得のいかない表情でつぶやく。確かに事実はその通りなのである。ファンタジーの物語は、賢児にとっては事実と照合しないのでストレスに満ちた不可解な時間であるようだ。

**・ミーティング**

「トイレのスリッパをきちんと並べたのを褒めたので、今日も褒められたくて揃えたのかしら?」と賢児が上履きを並べた行為を介助員が報告した。保育カウンセラーの観察では、全園児が集まる騒がしい場において内面が不安定になりがちなときに、せめてまわりの物を整えることで、内面の揺らぎをそれ以上乱されないようにしておきたいと、やむにやまれぬ思いで為さずにはいられない行為のように感じられたことを述べた。そのような理解に立ち、賢児の落ち着きと集中を応援するために、その後の上履きのズレをそっと整えてサポートしたことを伝えた。常識的な理解ではわかりにくい賢児の行為の意味をわかろうとすることで支援の仕方を工夫できることを学び合った。

**・園外保育の日**

人通りの多い路上で担任が「列が離れないように前の人にくっついて歩きましょう」と声をかけて歩き出した。すると、賢児は前を歩く二人の友だちの両肩に腕を回してくっついた。いきなり二人に抱きついた賢治をあわてて引き離そうとした介助員は「ダメダメくっつかないで、離れなさい」と言った。担任と介助員との正反対の指示に賢児はわけがわからなくなった。保育カウンセラーはこのエピソードを介助員も含めた全体ミーティングで取り上げて、言葉を字義通りにとらえる賢児の特性をよく理解したうえで、保育者は用いる言葉に工夫を要することの共通理解をはかることができた。

## 6　地域の市民への子育て支援サービス

未就園児とその保護者に公立幼稚園を開放する日がある。月に一度のその日に、保育カウンセラーが子育て講和を行い、個人相談に応じることもある。ホールに集った保護者とその乳幼児たちは八〇人を越える数で、そのにぎやかさに圧倒される。小さな子どもを抱えた地域の方が安心して遊べる場として、公立幼稚園の開放が歓迎されている。また、個人相談においては、赤ちゃんと活発な幼児とを抱えて二人の子どもの生活時間の折り合わなさに疲労困憊《こんぱい》している母親の相談は切実な内容である。未就園児を抱える保護者への子育て支援は重要な課題であろう。日野市では、地域の方が保育カウンセラーに相談できるようにと、公立幼稚園における保育カウンセラーの勤務日が公開されている。

## 7　今後の展望と課題

保育カウンセラー事業について、日野市教育委員会、五十嵐俊子統括指導主事は次の二点を今後の課題として述べている。①幼稚園を、地域の子育て支援のセンター的役割を担う機関として位置付ける、②就学へのつながり、特別支援教育も視野に入れて、保育カウンセラーを含めた専門性のあるネットワークを構築する［五十嵐、2006］。

保育カウンセラーとして、行政の明確な指針にそって、精一杯専門性を発揮してお手伝いさせていただこうと思う。

（坂上頼子）

引用・参考文献

五十嵐俊子　2006　「日野市の保育カウンセラー事業について」『日本臨床心理士会第7回子育て支援研修会』36-37p.

鯨岡　峻・鯨岡和子　2007　『保育のためのエピソード記述入門』　ミネルヴァ書房

中川一郎　2004　『タッピング・タッチ』　朱鷺書房

成瀬悟策　2001　『リラクセーション』　講談社

成瀬悟策　2007　『動作のこころ』　誠信書房

東京都日野市教育委員会　2006　『平成16・17年度文部科学省研究指定「新しい幼児教育の在り方に関する調査研究」実践事例集―ひのっ子就学前コアカリキュラムに基づく事例と保育カウンセラーの事例―』

# 第2節　九州A町三園の場合

## 1　はじめに

筆者がA町の三つの幼稚園と関わりはじめてもう一〇年を越えた。この幼稚園に関わりを持った頃には、すでに全国の公立小中学校に臨床心理士が派遣され定着しはじめていた。当時の園長が元中学校校長であったという経緯から、臨床心理士が学校（や幼稚園など）のコミュニティーにおいてこころの援助ができる専門家であることが周知されていた。またこのA町幼稚園の特徴としてひとりの園長が町内三園を統括するという組織形態を持っており、ほとんどの行事の年間計画などが合同で検討され、合同の催しを開催する事もある。そのうちの一つで子育てに関する三園合同の講演会が開催されるに際して園長が県の臨床心理士会に臨床心理士の派遣を要請されたようであった（**図1**）。そして県士会からの紹介で筆者が派遣されたのがつながりの始まりであった。講演会事前事後の話し合いの中で園側としては「保護者への子育て支援」に臨床心理士の力を借りたいというご意向で

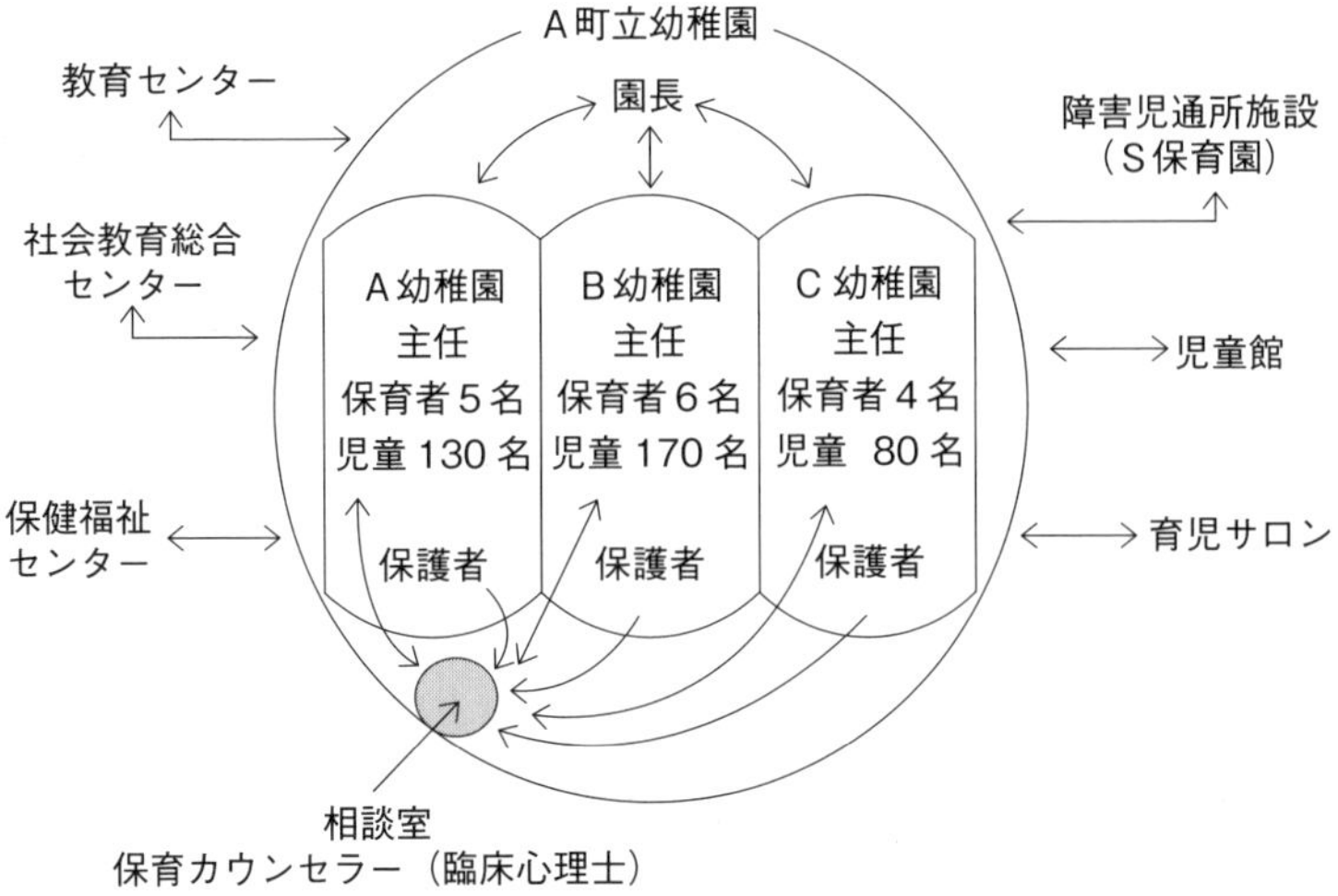


**図1　保育カウンセラーとのつながり**

あることがわかった。

## 2　園での臨床心理士活用の推移

講演の後、今後も保護者と直接つながりを持って定期的に子育て支援を続けてもらえないだろうかと園長から要請を受けた。

一年目は講演形式の後に、短時間の個人相談を行う形で行っていた。

後三年間は保護者会の役員さんたちが世話係となり、グループワーク形式で行っていた。園との連絡や口コミも自主的にやっていた。お弁当つくりの苦労話がでたり、園でのいじめの問題が話題になったり、家族のことが話題になることもあった。その中で、なかなか仲間には入れなくて登園をしぶる子の母親が、毎回グループに参加するうちに他の母親と気持ちを分かち合うことができ、子どもも安定して登園することができるようになっていったケースもあり感動的であった。参加していた保護者全員にとって良い体験になった。

しかし、このようにグループの意味も大きかったが、保護者の中には、グループに足を向けたくてもなかなか入りきれない人がいるという意見が出て、そういう保護者の方がより心理的な援助を必要とする場合があるのではないかという見方が表面化した。カウンセラーの短い勤務時間内では両者を併用できないという事情もあって、その後は保護者への個人面接を中心に活用されるようになった。今年度は相談申込件数が多くなりすぎていることからまた対応に工夫が必要となってきている。

年数を重ねるにしたがって筆者と園との関わりに信頼関係が増して、保育者の学習会、研修会にも加わるようになってきている。現在のところ主な活動は次のようになっている［村山、2004］。

（1）保護者への子育て支援相談（年一〇回）
（2）子育て支援相談終了後に短時間（約三〇分）、園長や主任と集う
（3）保育者にとって気になる子をカウンセラーが参与観察をする（一園に対して年三回、三園で年九回）
（4）保育者の合同研修会（年一～二回）
（5）まれに少数ではあるが継続面接を実施することもある

## 3　保育カウンセラー活動の実際

### （1）保護者への子育て支援相談

最近は年間に一〇回前後実施されていて、水曜日の午前中がそれに当てられている。毎回三幼稚園からそれぞれ一ケースの割で予約がはいっている。午前中に三ケースということなので一ケースは四〇分の面接時間となる。予約の方法は年度の初めに全保護者に園の方からお知らせとして情報を流していて、相談を希望する保護者は申込書を出し、保護者の気持ちとして緊急度の高い方から優先的に相談時間が決められている。

## ① 相談ケースの特徴

毎年の事であるが男児を持つ保護者の相談者が女児の保護者の二倍三倍と多くなっているのが特徴である。保護者（特に母親）にとっては男児の方が日常的に気になることが多いようである。

主な心配事としては、新学期の頃はどうしても、子どもが園になじめなくて登園をしぶるという気がかりを抱えている保護者が多い。また友達づくりが下手なのではないかというようなことが心配の種になっているようだ。子どもにとっては幼稚園入園で初めて集団生活に入る子が多いわけで、まだ母親と離れにくい子もいるし、言葉や行動など発達の面でもまだ個人差が目立つ頃である。しかし初めて園に子どもを出す保護者としてはその一つ一つが心配の種になる。幼稚園の元保育者だったある園児のお母さんが相談に見えた。「多くの母親側の気持ちが今になってわかりました。保育者側にいた時には、考えすぎですよとか大丈夫ですよとか、いとも簡単に応答していたけれど、保護者としては心配の余り子どもを追い込んでしまって、虐待にもなりかねない気持ちがそこにあることをわかってあげられなかった。本当に元プロのこの私であっても自分の子どもとだけに向かい合っていると視野が狭くなってしまうのだということが今ははっきりわかりました。今日はゆっくりと話を聞いてもらって良い一時でした」と笑顔で部屋を出られた。この元保育専門家のお母さんが言っていたように、たいていは二学期の頃には心配するほどでなくなることが多い。しかし保護者のたった今のつらさや重い気持ちを受け止められる人間関係があってこそ、今の自分の子どもについて大丈夫かもしれないというゆとりが生まれるのであろう。核家族化がますます進む中で周囲から子育て支援が得られずに孤立したまま子育てをせざるをえない状況があることはこの保護者への子育て支援面接の中でも十分にうかがい知ることができる。

夏も終わり、後半の頃になると、子どもたちがある程度は園への適応ができて落ち着いてくる。その一方では、家庭内で夫と子ども関係が子どもの成長によりこれまでよりも直接的で強い意識を持ったもの［小倉、2005］になる。いくらかの母親にとってはこれまでの母子関係とは異質な父親との関係がそこに見えるので気がかりになってしまうようである。祖父母との関係なども複雑になり、家庭内の相談内容がふえる。いずれにしても母親自身の心身の疲れから育児不安が募ってくる時期である。何かと子どものことで目につくことが気がかりの種になるようである。「自分のこどもの悪い所ばかりが目につく、叱ってばかりいる自分に嫌気がさしている。近所の人のことばに傷ついている」など苦しい気持ちを吐露されることもある。子どもの方の状態として、夜尿、頻尿が始まることもある。チック、爪かみ、かんしゃくなどの心配などが具体的に話されることもある。

### ② カウンセラーとして保護者に関わるときに大切にしている姿勢

まず、これまで日々忙しい思いをしながら育ててきたことへのねぎらいの気持ちや尊敬の気持ちを持って耳を傾ける。話をじっと聞いているだけで、終了時間頃にはほっと安心されて、今日から落ち着いて（楽しんで）子どもと関われるようになる方もある。

たいていはまず保護者の立場に近づいて話をじっくり聞きながら、つらい気持ちやいらだちを受け止めることを大事にしている。それから徐々に必要に応じて具体的に今、何に困っているか、的をしぼりながら質問を加えていく。

・今、特につまずいていると思われるのはどんなところ？
・保護者から見た子どもの状態は？
・園の先生との関わり、指導は？
・他の施設や専門家との関わりは？

などできるだけ自然な会話を進める中からこれらのことを注目して浮き彫りにさせながら、今からどのような一歩を踏み出すか、保護者と一緒になってアイデアを産み出すようにしている。その一歩は小さな小さな一歩であることがむしろ重要であるように思う。

## (2) 保育者への支援

### ① 保育者が気になる子の観察とコンサルテーション

この幼稚園では、三園にそれぞれ学期ごとに一回、（年度内に各園三回）実施している。大方は保育の現場に案内されて観察している。参与観察の方法をとることもある。基本的には場面と関連した文脈の中で子どもたちを観ることにしている。そして筆者が一番大事にしていることは、その場にいるその子どもの側からの世界観、つまり子どもの心の世界と言われる領域を大事にしながら大きく想像力を働かせるように心がけている。どれだけ子どもの本質に近づけているか、いつも筆者の力量不足を自ら問いかけながらの作業である。その他、園児の表情やコミュニケーションの様子、感情の表出、自己決定、責任感などのポイントに気をつけるようにしている。

保育の現場で観察したときの一コマ［村山、2004］を紹介しよう（**図2**）。へびじゃんけん遊びでのH君の様子である。

この時は五歳児クラスのルール遊びであった。図にあるように両側のスタート地点からヘビ状に描かれた線の上を園児が走って反対側からきた子とぶつかったところでじゃんけんをして勝った方が前進していく遊びである。H君の様子を見ていると、他の園児が順番を待ち次の行動を始める準備をしている様子や、走り進んでじゃんけんをしている様子などにはどうも関心を向けていないようである。そしてまわりをうろうろしたり寝そべったりして落ち着かない。もちろんこの遊びを楽しもうとするようには見えない。そのうちH君の順番が来て、友達にうながされてスタートを切る。中ほどで向こう側から走ってきた相手の子とぶつかってじゃんけんをはじめた。H君は負けたがそこから動けず固まってしまっていた。相手の子が「どいて」と言って初めてそこを離れることができた。

また他の場面ではゲームが終わって先生が一ヶ所に全員が集まるように呼びかけたのであるが、聞き取れなかったとみえて別の方向を向いたままで、指示通りの行動が一人ではとれない。何人かの友達が手を取って連れて来た。終わりに一人一人が短い感想を言う場面では「手を強く引っ張ってきたのはいやだった」ということはできた。

その後の検討会で保育者が伝えてくれたことによると普段の園生活では、ボールは白し

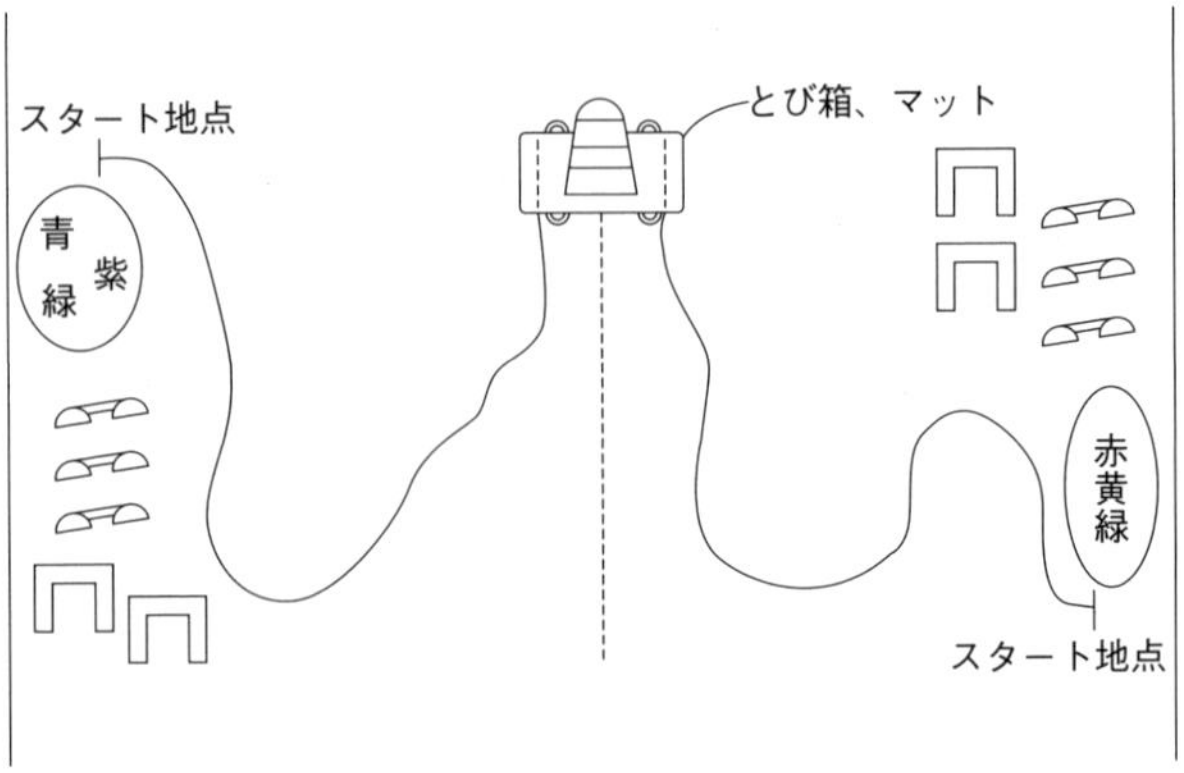
スタート地点
とび箱、マット
青
紫
緑
赤
黄
緑
スタート地点

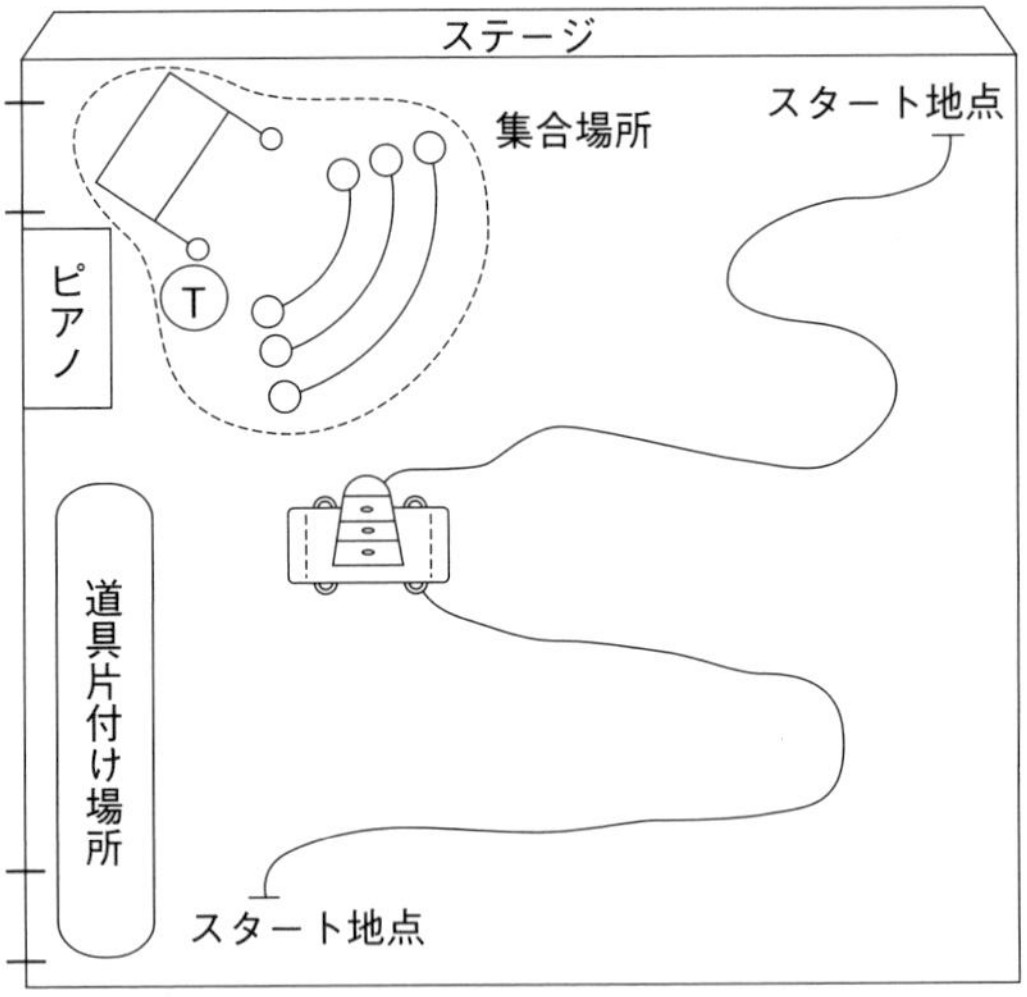
ステージ
集合場所
スタート地点
ピアノ
T
道具片付け場所
スタート地点

図２　へびじゃんけん

か使わない、関心のある遊びには集中して離れない、トイレのスリッパを並べるなどのこだわりが見られるようである。しかし家庭での生活について保護者から気がかりなこととして問いかけられることは何もなかったため、保育者の方では、この園児への関心が乏しく、H君の状態は愛情を十分に受けていないことからくるものなのではないかと感じていたようであった。

器質的な要因と生活環境の要因との区別の困難さは指摘されている［楠、2006］が、観察時の状態から推測できることは、軽度に発達上の障害を抱えている子ども（そういう個性、特性を持った子）としてとらえた方が保育の効果が得られるのではないかと筆者は考えた。家庭の中でほぼ決まりきった日常生活をしている状態から幼稚園での集団生活に移った場合、周囲で起こっている状況が多様になり、とらえなければならない情報や意味が複雑になる。こういう状況になると発達上に障害を持った子は、どの情報をとらえて行動するのか判断ができにくいと言われているが、まさにこの園児は保育の中でゲームが進展し、そして終わっていくプロセスがとらえられていなかった。またじゃんけんは知っていて実際に行うことはできても、ゲームのルールとしての意味がとらえきれていなかった。

今後の園児に対する支援としては、いずれの要因であっても指導には共通点がある［楠、2006］と言われている。筆者は次のように助言をした。全体に指示を出したときには、その園児には近くに行って静かに個別に伝える。ゲームなどの流れについては絵やイラストを使った手順カードをつくり、あらかじめわからせる工夫が必要。日常保育の中でも、次の行動に移るときには絵やシンボルカードを使ってコミュニケーションをとる。一般児にとるような「今は何をする時間かな」というような、気づかせるような問いかけではなく、きちっと言葉や絵で「～をするよ」と明確に指示するように、などを助言した。

　三ヶ月後の様子。本児が気づいていないことや忘れていることを保育者から教えてもらえる安心感からか、毎日の生活態度や表情に明るさ、楽しさが見られるようになった。弾むようにして歩いていることが多くなり全体に動きが活発になっている。また時には忘れてしまったことを「なんだったっけ？　忘れた」と本児からたずねてくるようにもなった。そして教えてもらうと実行に移そうとする気持ちが出てきている。友達と同じ場所にいることが多くなり保育者にまとわり付くことは少なくなった、という報告を保育者から受けた。

### ②　保育者のための研修会

　これまでは例年一回か二回、園からの要請で職員研修会が開催されていた。講義や事例検討を中心になされてきた。しかし今年度からは保育中の園児観察と保育者へのコンサルテーションの回数を多くしたいとの園長からの要望が出され現在実施中である。

**・職員合同の事例検討会**

二〇名前後の全職員が集まって事例検討会がなされるメリットとしては、やはり各園内の保育者が共通の理解を持って協（共）同保育を目指すことが可能になるという点であろう。

**・事例検討会を促進していく上で大事にしているプロセス**

せっかく全員が集まる場であるので、一人一人の保育者の意欲が育まれるようにしていきたいと考える。そのための雰囲気づくりが重要である。事例の話題提供者に責任をゆだねることなく、むしろ日々の努力をわかち合えるような雰囲気づくりに気をつけている。プロセスを簡略に述べると、事例提供者はまず担任している某園児の気にかかっている様子を説明する（五分～一〇分位）。次に参加者は一緒に理解を深めていくために、確かめたり、質問したりして全体像を明らかにしていく。特に筆者は心理的側面について、ていねいに聞き、状態像を浮き彫りにし、見立てについて推測を加える（後日参加観察をすることもある）。そしてまた全員で今後の保育方法や援助方法について具体的にアイデアを出してみる。最後に、実施の重要度や優先順位を参加者で考え、当面の方向を決めるという流れになる。

## 4　おわりに

年々保護者からの相談申込が増えてきており、園では調整が難しくなってきている現状である。来年度からは再びグループの場を併用する必要があるのではないかという案が園長と筆者との話し合いの中でも出てきているが、町の教育予算との関係でカウンセラーの仕事範囲の増減が左右されている。これはある意味やむをえないことで今後も活動の工夫は必要であろう。しかしいずれにしても、近い将来「保育カウンセラー」の活用が全国的になされていくことについては保護者側からも保育者側からも熱望されていると感じている。

（村山尚子）

## 引用・参考文献


Gordon, T. 1970 *Parent effectiveness training : The proven program for raising responsible children*.（近藤千恵（訳）1977 『親業』 サイマル出版会）

星野欣生・津村俊充（監修・著） 1998 『クリエイティブ・ヒューマン・リレーションズ―一人ひとりの個性を生き生きと咲かせよう―』 行動科学実践研究会、株式会社プレスタイム

河合隼雄（編）1985 『子どもと生きる』 創元社

楠 凡之 2006 『気になる子ども 気になる保護者』 かもがわ出版

村山尚子 2004 「幼稚園・保育園での子育て支援」『第五回子育て支援研修会抄録集』 日本臨床心理士会

小倉 清 1996 『子どものこころ』 慶応義塾大学出版会

滝口俊子 2007 『乳幼児・児童の心理臨床』 放送大学教育振興会

# 第3節　大阪府私立幼稚園におけるキンダーカウンセラー事業の一例
## ――入園前から小学校入学まで

### 1　はじめに

大阪府では平成一五（二〇〇三）年から、府下の希望する私立幼稚園にカウンセラーを配置するというキンダーカウンセラー事業が全国に先駆けて実施されている。この事業は、希望する私立幼稚園が、週一回～月一回程度、幼児の気になる行動やこれにともなう保護者の悩みなどの相談に対して、より専門的なアドバイスを得るとともに、幼稚園教員のカウンセリングマインドの向上をはかるため、臨床心理士もしくはそれと同等の知識・技術を有する者をキンダーカウンセラーとして迎え入れ、それぞれの幼稚園が個別に雇用契約を結ぶというものである。実施園は初年度が四七園で、平成一八（二〇〇六）年度には八八園となっている［大阪府私立幼稚園連盟，2007］。筆者はこの事業のパイロットケースとして、事業実施の前年度からキンダーカウンセラーとして幼稚園に勤務する機会を得た。筆者がこれまで勤務した複数園で取り組んできたことについてはすでに報告している［辻河、2003／2005〕が、ここではこれらの取り組みを入園から小学校入学までという縦断的な視点でふり返り、改めて報告する。そのため今回の報告では、一つの園が特定されるものではないことをご了承いただきたい。

## 2 入園まで

### (1) 入園説明会

幼稚園の新学期は四月から始まるが、新入園児はたいてい前年度の秋頃に入園面接を受けることが多い。私立幼稚園では、まず入園説明会などを開催し、自園がどのような方針で幼児教育を行う園かということを保護者に伝える機会を持つ。筆者の仕事としては、まずはこの入園説明会で、子育てと子どもの育ちを心理的にサポートするカウンセラー（筆者）が園に存在することや、その仕事の内容を入園希望の保護者に伝えることから始めることになる。入園説明会で直接筆者が保護者へ向けて話をすることが不可能な場合は、園の職員から保護者にキンダーカウンセラーの仕事の概要を伝えてもらうことになる。

### (2) 入園面接

次に、その園に入園を希望する親子は、当該園に願書を出す。そして園では、その親子に対して入園面接を実施する。この入園面接で面接官となるのは、園長・主任級の園の職員であることが多いようである。いずれの園でも職員は、この年齢であれば子どもは標準的にはこのような姿である、ということをかなり的確に把握しているといった印象をうける。そして、この入園面接で面接を担当した職員が「少し気になる」という印象を抱いた親子に対して、筆者はなんらかの形で出会うことになる。この入園面接において、すでに就園までに保健師や療育施設などのケアを受けていたと自発的に申し出る保護者もいれば、園側は子どもの様子をかなり深刻に受け止めているにもかかわらず、その問題を認識していない、あるいは否認しているという保護者も散見される。

この入園説明会や入園面接は、親子にとって園との最初の出会いの機会であると同時に、園の職員やキンダーカウンセラーとの最初の出会いの場ともなる。

### (3) 入園面接後から入園までのサポート

園の職員が、入園面接時の様子などから「少し気になる」と感じた親子に、「うちの園にはキンダーカウンセラーがいるので、一度相談されてはどうか」と保護者に声をかけ、その後に筆者が当該の親子と会うことになる。その場合、筆者が単独で会う園もあれば、園の職員とともに会う園もある。この際保護者には、筆者が入園の可否を決定するものではないことを十分に理解してもらうようにしている。なぜならば、この時点で筆者が当該の親子に出会う意味は、四月からの幼稚園生活に際して、当該の親子にどのような支援が必要かについて考えるための情報、つまり家庭でこれまでどのようにこの子を育ててきたかという保護者の工夫や知恵を拝借するということにあるからである。具体的に言えば、生育歴を中心に発達のチェックをすること、その中でも子どもが得意なことや好きなことについて話し合いをすることが多い。必要ならば、入園までの約半年間親子で来談してもらうこともある。これには、当該の親子にその幼稚園の雰囲気に慣れてもらうという意味もある。その間に園側もその子どもの特性を知り、親子の側も具体的な園の様子を知るという機会にもなる。このとき筆者は、あくまでも判定・評価する存在ではなく、どのように過ごすことが子どもの育ちに役立つか、子どもが楽しめるかといったことをともに模索する「伴走者」として存在することを目指している。当然ながら、この話し合いの結果、その他の幼稚園を選ぶ保護者もいる。また筆者も、入園までに発達的な問題について診断したり指導をうけたりすることができる他の専門機関を紹介し、そこでの見解をもとに四月からの園生活を考えていくことを勧めたりする場合もある。

## 3　在園中

### (1)　他の専門機関との連携

このようにして、最終的に四月から入園することを親子が希望し、それを園が許可した場合、それぞれにとっての新学期が始まる。入園までの話し合いの中で、当該の親子がすでになんらかのフォローを受けていることが明らかになる場合もあれば、上述のようにこちらから健診や他の専門機関への受診を勧める場合もある。筆者は、このようにすでに他の専門機関と関わりのある親子の場合には必ず、〈これまでにその機関できっと『この子についてこう配慮したらよい』というお知恵をお持ちだと思います。ぜひそのことを園でも生かしたいと思いますので、教えていただいてもよろしいでしょうか〉と話して保護者の了承を得て、そして、直接その専門機関に筆者から連絡をするか、その保護者を介して依頼状を送り、担当者からの所見をいただくようにしている。このような働きかけをするのは、さまざまな専門機関で別々に支援されていることを、連携によって有機的に結びつくようにするためである。そのため、保護者の了承が得られれば、園での様子も他の専門機関に伝えている。連携している主な専門機関は、保健所（保健センター）、教育センター、病院、療育機関などである。できればキンダーカウンセラーは、近隣の他の専門機関についての具体的な情報（主として情緒的な問題に焦点を当てる機関である、発達障害の有無についての診断ができる機関である、など）を得ておくとよいと思われる。当然のことながら、キンダーカウンセラーが勤務する以前から園と当該専門機関とが連携している場合もあるが、その際には、キンダーカウンセラーとその専門機関との役割分担について話し合っておくことが望まれる。

次に他の専門機関とのつながりができ、そこから所見をもらえた場合、その所見について保護者と話し合うこととなる。このときに筆者は保護者に対し、その所見をその保護者が、今後に役立てていくことができるように、わかりやすい形に翻訳して伝えている。なぜならば、所見に書いてある事柄は保護者にとっては否定的なことばだけが強調されて理解され、今後に役立てることのできる情報として理解することが難しいといったことが往々にしてあるからである。

　ところで、このような形で入園前から当該親子への支援がなされている場合、保健師との連携が欠かせない場合が多い。保健師は、健診によって得られた情報と地域の情報を把握しており、しかも出産後かなり早期から発達の節目ごとの縦断的な情報を持っている。さらに、早期から当該の親子に関わることによって、親子が気になっていることに最初に相談にのる役割を担っていることが多い。そのため就園年齢に達する頃には、すでに親子の信頼を得ていることがしばしばある。ここで保健師と当該の親子との関係が良好であれば、保護者はすでに〝相談〟というものへの抵抗が少なく、その後に提供されるキンダーカウンセリングなどの支援の機会をより積極的かつ有効に利用することができるといった印象がある。そのような意味でも、保健師と親子との「関係」の歴史を注意深く査定（アセスメント）することは大変意義があることのように思われる。加えて、当該の親子の了承が得られれば、保健師にこれまでの健診や発達検査の結果などをたずねることによって、保健師から当該の親子にどのような配慮が求められるかについての的確なアドバイスを得ることができる。さらに、保護者・園・保健師（行政）という三者のすべての了承が得られる場合、当該の子どもについての検討会を開くこともある。このような連携に際して、筆者はコーディネーターの役割もになう場合がある。親子に関わる専門機関が多ければ多いほど、情報が錯綜《さくそう》するため、そのような多くの情報に保護者が振り回されていることもあり、交通整理をする役割が必要だからである。このような役割は、三者それぞれの信頼関係が肝心であり、競合関係にならないよう注意する必要があるだろう。

## (2) 直接観察

在園中は、上述のように地域と連携しながら有益な情報を得るだけでなく、園での子どもの様子を直接観察できる。直接観察では保育室での参加観察が主となるが、園外保育時や行事や預かり保育時など、さまざまな機会をとらえて観察することにしている。なぜならば、保育室外での子どもの姿を観察することで、保育室内での姿との相違を検討できるからである。直接観察の際には特に、ことばの問題、運動・感覚の問題、対人関係/社会性の問題などを中心に見ていく［熊代・大橋，2002］。そしてそれらの問題行動だけでなく、子どもが示す言動の意味は何かを考えることが大切である。このとき、いわゆる「問題児」とされる子どもだけでなく、引っ込み思案な子どもや、大人や友達の意図をくみとり自分の主張ができにくい、いわゆる「いい子」とされる子どもにも目を配ることが大切である。

ところで、直接観察時には特定の子どもだけでなく、他の子どもたちについても細やかな配慮が望まれる。なぜならば、子どもは大人が話をしているのを聞いて理解していることも多く、知らない大人が保育室に入るといった、いつもと違う雰囲気を敏感に感じとる存在だからである。そのため、子どもの前で特定の子どもの話をすることは特に気をつけたいものである。筆者は、保育室に入室する際などに子どもから「誰?」「なぜ来たの?」などと聞かれた場合、〈困っていることがあった時にお手伝いする先生だよ〉、〈みんなが何をして遊んでいるか教えてもらいに来たよ〉などと言い、子どもたちのわかることばで、その時に応じて嘘にならないように伝えて、子どもたちに入室を許可してもらうことにしている。

## (3) 発達検査

### ① 幼稚園への発達検査の導入に際して

幼稚園の中には発達検査を実施する園もある。この場合、幼稚園で発達検査をする意味を園側との間でよく検討し、共通理解をしておくことが望まれる。なぜならば、検査をして結果に数値が出ることで、子どもをラベリングして終わりということが往々にして起こるからである。この頃の子どもの状態は可変的なものであるにもかかわらず、検査結果によっては子どもの見方が固定化することになりかねないので、注意しなければならない。発達検査は、それを実施することがその子どもの園生活に生かせるとカウンセラー側も園側も予想しうる場合、また他の専門機関での発達検査を受けるのではなんらかの不都合がある場合（例えば、予約を取ることもままならない場合）など、熟慮を重ねた上で実施されなければならない。また園内での発達検査は、子どもの判定をしたり評価をしたりするものではないことを、園の職員にも保護者にもきちんと伝えなければならないし、発達検査の結果、必要ならば必ず他の専門機関での精査を勧めることが重要である。このようなことから筆者は、発達検査の実施前に保護者と面接をし、検査について説明した上で、保護者の気持ちを傾聴する機会を持つ。これは発達検査についての誤解を取り除き、その検査結果を聞くことについての心理的準備性を高めるためである。そして発達検査を実施することについて合意が得られた場合にのみ、実施することにしている。

### ② 検査結果の伝え方

**・保育者に伝える場合**

保育者に伝える場合には、まず結果から保育活動で生かせることはどのようなことなのかをともに考えることが重要である。このとき、なるべく具体的に、また専門用語を使わずに検討することが大切である。例えば、カードを使って指示した方がわかりやすい場合に、どんなときに、どんなタイミングで、どんなカードを使うのか、などをともに細かく検討するのである。さらに、保育場面は集団であるので、その子どもだけカードを使うことがクラス運営にどのような影響を及ぼすのかなどについても検討することが必要であろう。

**・保護者に伝える場合**

保護者にはなるべく、実施した検査がどのようなことを示しているのかをわかりやすく説明した上で、検査結果を伝えるようにしている。そして今回の結果から、その子どもがどんなことが苦手であるか、そしてその苦手なことに対してどう対応したらよいかだけでなく、その子どもがどんなことが得意なのかを強調して伝えるようにしている。その後、その得意不得意について、家庭での様子と一致するかどうかをたずねる。一致する場合は対応策をともに考えることになり、一致しない場合は場面ごとに異なる意味をともに検討することになる。一般に、幼稚園という集団での姿と家庭での姿とが異なることは珍しいことではない。しかし園での問題行動について、「家では問題がないから、担任の問題である」といった保護者の思いが語られることがあるが、そのような思いを汲みとりながら、なぜ二つの姿が異なるのかを検討し対応策をともに考えていく。そしてさらに、それを実行した後どうであったか（成功したか、失敗したか、あるいは取り組めなかったか）について話し合う機会を持つようにしている。

### (4) 保育者との連携

このように保育者とは、子どもを直接観察する場面や発達検査の結果を保育活動に生かす場面など、さまざまな場面で連携していくことになる。川瀬［2004］が述べているように、保育者と連携するためには、彼らがどのような活動をしているのか、何を大切に思っているのか、幼稚園や保育園がどのような場所なのか、どのような教育を受けてきているのかといった実情をよく理解しておくことが必要である。その上でこちらができる支援メニューを明確に提示することで、その園に合った連携を円滑に進めることができる。直接観察の場面では、保育者と子どもたちが真剣に対峙しなければならない場面を邪魔しないことが大事である。そのためキンダーカウンセラーは、保育室へ入室する際、その様子を見ながら入室してもよいかどうかを検討しなければならない。つまり、〝いま、子どもの世界（保育室）に入ってもよいかどうか〟といった判断が必要である。保育者は子どもと毎日向き合い、変化を常に感じ取る幼児教育実践の専門家である。それゆえ保育者がその時点で他者が入室しない方がよいと判断するときには、それを優先するべきであろう。慣れないうちは保育者となんらかの合図を決めておくとよいと思われる。このように、保育室へキンダーカウンセラーが入室するということは、子どもたちの世界へ「侵入する」という面があることを肝に銘じておきたい。そのため子どもたちから「来るな！」と言われる場面も珍しくない。保育室は子どもと保育者が創りあげている舞台であり、そこではカウンセラーは「黒子」であるべきだと筆者は考えている。キンダーカウンセラーの存在は、子どもと保育者の育ちあいを促進する触媒のようなものではないだろうか。その意味でも子どもと保育者の関係を注視することが大切である。

保護者対応に関しても、保護者へどのようなことばで子どもの様子を伝えるか、また来談を誘うかなどについて保育者とともに考える。過度の不安を抱く保護者など、場合によっては保護者には子どもの様子を知らせず、保育場面のみで子どもを支援することもある。

### (5) 保護者との面接

入園前から来談を続けている保護者だけではなく、在園中にさまざまな主訴で来談する保護者と面接をしていくことも大切な仕事である。この時の主訴は、子どもの問題行動によるものが多いが、子どものことを話題にしながら自分自身をふり返る保護者も少なくない。このことは橋本［2000］が、母親の語りのプロセスとして述べているように、語りの始まりは現実の子どもの話であり、中間には子どもと母親の境界が不分明な語りになり、そして語りの終わりには母親自身の話に至る、といったプロセスが行われているように感じられる。まさに、子どもが「母親面接の導き手」であり、子どもの話題に母親の隠された内面の物語が重ねて語られているのである。このため、子どもの言動についての対応策を検討しつつ、その言動に関する、当該の親子における人生にとっての意味を考えていきたいものである。

## 4　小学校へ

### (1)　子どもの情報を小学校へ

これまでの関わりを幼稚園の中でのみ完結させず、その子どもの育ちを支えてきたさまざまな知恵を小学校に伝えることが望まれる。そのために筆者は、特に小学校へ進学する子どもの保護者には、「サポートブック」[井上、2005] づくりを勧めることが多い。このサポートブックには保護者の知恵だけではなく、担任や園の職員の気づきも加えるとよい。このとき、筆者と保育者だけで作成するのではなく、保護者が保育者と相談しながら主体的につくることを後押ししている。この作業によって、家庭と園での子どもの様子の相違を再確認できたり、また保護者が双方における子どもへの関わりの知恵を再確認していく機会となったりもする。このサポートブックは固定的なものではなく、折に触れて作り直し、子どもの育ちをふり返るものになることが望まれる。このようにして、家庭以外、特に集団でのありのままの子どもの姿を保護者が理解し受容していくことで、子ども自身が自分を受け容れる体験につながっていくと考えられる。さらにこれを小学校に伝えることで、小学校側にその子どもの特性を理解してもらうこと、それによって子どもが周囲から誤解をうけることが少なくなることなどに配慮している。

### (2) 来談していた保護者への卒園時の対応

入園前からあるいは在園中、個別面接に来談していた保護者について、年長の三学期になる前後には、小学校入学後はその個別面接をどうするのがよいかを一緒に考えることにしている。筆者としては、卒園時にはいろいろな選択肢を提示して、次の相談窓口を提示することがよいと考えている。なぜならば、小学校では小学校に特有の問題や課題が生じやすく、その時々で必要な支援も違ってくると考えているからである。また、教育センターなど公的な専門機関へ紹介する（リファー）場合には、私立幼稚園よりも行政や地域とよりつながりやすく、地域にあるサービスも利用しやすいという利点があるだろう。もちろん、卒園することで事務的に終結にするのではなく、〈教育センター（あるいはスクールカウンセラーなど）に行ってみて、相談できそうならそこで続けて相談して行かれるとよいと思います。しかし、そちらでどうもうまくいかないと思われる場合は、その後どうするかをこちらでもう一度考えましょう〉と伝え、卒園後次の機関への来談が軌道に乗るまでの間も数回来談できるようにすることで、保護者は安心して次の専門機関へ行くことができるように思われる。

## 5　おわりに

キンダーカウンセラーの仕事は、心理臨床を行っている筆者だけで可能となっているのではない。子ども本人、保護者、園の職員、他の専門機関で関わっている人々など、それぞれがそれぞれの視点でその子どもをよく把握して、集団内の子どもへの配慮を行うからこそ成り立つ協働作業である。入園に際すること、また学年がかわる際の園内での引き継ぎ、小学校への連携など、どれをとってもキンダーカウンセラーだけでは成り立たない。ただ心理臨床の専門家として、何かに困っている親子にその対応策だけでなく、困っていることについての内的な意味をともに考えていくといったような、新たな角度からの視点を提示したり、子どもに関わる人々の意見を整理したり、翻訳したりすることを通して、当該の親子の子育てや子育ちに少しでも役立つような仕事ができたらと願っている。

また、今回報告したような入園前から卒園までの継続した関わりが、必ずしもすべての事例で行えるとは限らない。入園前から来談を勧めてはいても、なかなか来談につながらない場合も少なくない。その場合は、来談しないから関知しないと考えるのではなく、当該の子どもと毎日向き合う保育者を支援する。また、保護者が最初は来談していても、途中から子どもの問題が気にならなくなったり、集団への適応がよくなってきたりして、来談する必要がなくなる場合もある。その場合も保育者との打ち合わせだけで支援していくことになる。このため、保育者を支援する割合が高くなっていくのが特徴であろうか。このようにしてキンダーカウンセラーとともに子どもと関わる経験をした保育者は、もともとの自身のあり方に心理臨床的な視点を加え、他の子どもにも細やかに関われるようになり、ゆくゆくは園の職員全体にそのような視点が広まっていくような印象がある。そして、そのような保育者と関わることで、筆者も子どもや保護者への新たな視点を得ている感がある。このような協働の機会を与えてくれた各園の先生方、子どもたち、保護者の皆様に御礼申し上げたい。

（辻河　優）

引用・参考文献

橋本やよい　2000　『母親の心理療法　母と水子の物語』　日本評論社
井上雅彦　2005　兵庫教育大学発達心理臨床センター井上研究室　お役立ちツール（http://www.edu.hyogo-u.ac.jp/mainou/yakudachi.htm）2007.07.12.
川瀬正裕　2004　「保育者との連携」　丹治光浩ほか（編著）『心理臨床実践における連携のコツ』　星和書店　95-125p.
熊代　新・大橋節子　2002　「気になる行動と発達の問題」　馬場禮子・青木紀久代（編）『保育・看護・福祉プリマーズ⑦　保育に生かす心理臨床』　ミネルヴァ書房　101-116p.
大阪府私立幼稚園連盟　2007　キンダーカウンセラー事業配付資料
辻河　優　2003　「子育て支援としてのキンダーカウンセリング活動を通して」『京都文教大学心理臨床センター紀要』　第5号　59-64p.

辻河優　2005　「子育て支援としてのキンダーカウンセリング活動―実践活動の中で―」『京都文教大学心理臨床センター紀要』　第7号　157-161p.

# 第4節　私立保育園の場合

## 1　はじめに

近年、子育てをめぐる困難さが明らかになるにつれ、子育て支援の重要性が認識されることとなった。子育て支援策の先がけとなった、新エンゼルプランや緊急保育対策等五か年事業では、保育園が地域の子育て支援の中核となることが検討された。このような流れを受け、保育に関する研修では、「カウンセリングマインド」という言葉が頻繁に使われるようになり、保育現場に臨床心理学的な視点が浸透していった。多様な子どもや多様な親に対応するためには、専門的知見が不可欠であり、保育カウンセラーを必要とする気運は徐々に高まっている。

現在議論されている保育カウンセラーとは、文部科学省が推進している保育カウンセラー、市区町村が独自に展開している保育カウンセラー、園が独自に雇用し、展開している保育カウンセラー、全国私立保育園連盟で認定している保育カウンセラーの四種類に分類できる。
本節では、私立保育園が独自に雇用している保育カウンセラーについて、筆者自身の実践を紹介しながら述べていく。

## 2　私立保育園での実践

筆者は、二〇〇〇（平成一二）年から東京都の私立認可園に保育カウンセラーとして週一回の勤務を開始した。現在、筆者の所有する資格は、臨床心理士と臨床発達心理士と保育士である。当時まだ保育カウンセラーは社会的に認知されておらず、保育園に定期的に勤務している保育カウンセラーは皆無に等しかった。参考になるモデル実践がない中、どのような枠組みで相談業務を確立したらいいのか暗中模索であった。幸いにも筆者の勤務する私立保育園の理事に、コミュニティ心理学がご専門の立教大学 箕口雅博先生がおられ、箕口先生のアドバイスのもとコミュニティ心理学の視点から保育カウンセリングの枠組みを検討していった。

保育カウンセリングを開始した二年後の二〇〇二年から、筆者は東京都のスクールカウンセラーとして勤務することとなった。このスクールカウンセラーとしての勤務がとても有効であり、スクールカウンセラー事業との対比のもと、保育カウンセリング業務の枠組みが筆者自身の中で次第に整理されていった。

さて、筆者が勤務している私立保育園の保育カウンセラー事業内容の概要をまとめたも

表１　私立保育園の保育カウンセラーの勤務内容

| | |
|---|---|
| 勤務形態 | 週１回〜週２回 |
| 勤務時間 | 一日４時間または一日８時間 |
| 所属 | 私立保育園非常勤講師<br>または、外部講師 |
| 雇用条件 | 臨床心理士または、臨床心理士に準ずる |
| 利用料金 | 無料<br>発達検査は有料（3000円〜5000円）［2000年〜2006年まで無料］ |
| 対象者 | 子ども（在園児、地域の子ども）<br>親（在園児の親、地域の親）<br>職員 |
| 職務内容 | 子どもの発達相談（発達検査を含む）<br>子どもの問題に関する全般の相談<br>親の子育て相談<br>保育士のコンサルテーション<br>保育士のメンタルヘルス<br>職員向け研修<br>親向け講習会 |

のが**表1**である。勤務形態は、初め週一回四時間でスタートし、二年目から週二回（各四時間）の勤務となった。保育園は、朝七時から一九時まで開園しているため、保護者が利用しやすい朝の時間四時間と夕方の時間四時間に相談時間を設定するなど、何度も時間帯の検討を行ってきた。二〇〇七年度は、木曜日（八時間）をベースに月一回の土曜相談や夜間相談を設定した。このように常に保護者のニーズを踏まえ相談時間の設定が行われている。

保育カウンセリングの相談の対象者は、子ども、親、職員があげられる。子どもとは、在園児または地域の子どもであり、原則的に未就学児を対象とする。本園では、相談室が子どものプレイセラピー*を考慮して作られておらず、大人対象の相談室であるために、発達検査はするものの、いわゆるプレイセラピーなどは行っていない。子どもの対応は主に保育者が中心に行っており、筆者は、保育の様子を観察したり、保育の中で個別に関わったりしている。

次に対象者である親は、在園児の親、地域の親、卒業生の親などである。相談内容は、発達の相談、夫婦関係、保育士との関係など多岐にわたるが、基本的には子育て・保育に関する相談を軸としている。つまり子育て中に意識化された生育歴の葛藤などについては、ある程度対応するものの、別途専門のカウンセリングを紹介している。

保育士を対象とした相談活動は、子どもや親に関するコンサルテーションが中心であるが、保育士のメンタルヘルス向上にも関わるようになってきた。近年、子どもも親も多様性が増し、個々に応じたサービスが必要になってきた。しかしながら、保育予算そのもの

**プレイセラピー**
安心できる空間で、小さい子どもが遊びを通して自己の内面を表現することをカウンセラーが手伝っていくこと。遊戯療法とも表現される。

は減少に向かっており、それにともない、保育士の労働条件は悪化し、保育士の疲労感は、高まっている。戸田・杉山・村山・神田・諏訪・望月・渡邉・逆井・大宮・宮里［2006］は、保育者の生活・労働と保育に関する意識調査を行った。その結果、「保育をしていて、身体の疲れを感じることがある」が「ある」のは、保未満（乳児）八割超、保以上（幼児）と幼（幼稚園児）は九割弱であった。「日々忙しく、思うような保育ができないと感じること」が「ある」のは保未満（乳児）七割強、保以上（幼児）が八割であった。大多数の保育者が、忙しさのために自分の保育が自分の目指すものになっていない感じを抱いており、深刻な事態であるとした。

保育士と類似の職業である教員や看護師と比較して、保育士へのメンタルヘルスケアは立ち遅れている。一般的にスクールカウンセラー事業では、スクールカウンセラーは職員のメンタルケアについては、対応しないことになっている。スクールカウンセラーの枠組みを踏襲するのであれば、保育士への相談活動は、子どもや親の対応に関するコンサルテーションに留めるべきかもしれない。しかし私立保育園が独自にカウンセラーを雇う場合、その職務内容はある程度柔軟なものでありうる。筆者は、現在勤務している保育園に関しては、職員のメンタルヘルスも業務内容の一つとしてとらえており、看護師と連携して職員のストレス状況を予防的に把握し、個別のフィードバックを行っている。

保育カウンセラー事業は、いまだ成長・発達段階であり、今後、どこまでの業務内容を保育カウンセリングとするか、さらなる活発な議論や検討が求められる。

## 3　保育カウンセリングのメリットとデメリット

保育カウンセリングの最大のメリットは、早期介入が可能な点である。特に、子どもに対しては、支援開始が早ければ早いほど、発達の保障が高まっていく。

一方、保護者に対しての長所は、早期介入できること、利用のしやすさ、相談後の継続的なフォロー、保育と連動した支援、社会参加に向けての支援などがあげられる。保育園は親の送迎が原則であるため、家族の状態をとらえやすく、保護者とのコミュニケーションの機会が豊富にある。保育カウンセラーを経てスクールカウンセラーを開始した際、「子どもの生活環境」に関する情報量の違いに戸惑いを感じ、学校では、これほど生徒の生活環境の情報が入りにくいものかと驚いたことを覚えている。逆に言うと、保育現場では、子どもの家庭での生活の様子が、連絡帳や送迎時の様子、日常的なコミュニケーションから、自然と情報として入ってきやすいのである。

また、相談のしやすさでは、相談場所が保育園という毎日子どもを預けている生活空間であるために、他機関と比べると抵抗なく利用しやすい。しかし保育園を利用したことのない地域の親にとっては、通常の相談機関同様に特別の空間であるために、地域の親が日ごろから保育園を利用しやすい工夫が求められる。

次に保育カウンセリングの短所について述べる。身近な保育園という利用のしやすさは、カウンセリングがうまく機能している時には有効であるが、カウンセラーと保護者との関係がこじれてしまった場合、親は保育園と縁を切ることができず、不本意ながらも毎日保育園に子どもを預けないといけない。一方、保育園と保護者との関係がこじれた場合、カウンセラーがうまく中立の立場で調整できる場合はよいが、カウンセラーを過度に味方につけようとしたり、逆に卑下したりという場合があるため、カウンセラー自身が保育園と保護者とのトラブルに巻き込まれる可能性があることにも留意しておく。

最後にカウンセラーと保育士との関係であるが、保育カウンセラーに期待を寄せる保育士がいる反面、やはりカウンセラーを警戒する保育士もいる。特に私立認可保育園の場合、人事異動や外部の人との交流が少なく、いわゆる閉鎖的・排他的な組織風土となりうる可能性も否めない。ややもすると自分達の保育を乱されたくない、保育について口をはさまれたくないという集団的雰囲気を作り出してしまうのである。このような場合、職員の抵抗感がどの程度あるのか、組織の状態を評価・査定（アセスメント）しながら、慎重にカウンセラーの役割を探していくことが望まれる。

## 4　事例

ここでは、筆者が保育カウンセラーとして相談を受けた内容を参考に、架空の事例を取り上げ、保育カウンセリングの様子を紹介する。

【事例1】メンタルヘルスに問題を持つAさんと子どものB君

Aさんは、生育歴に母親との関係でトラブルがあり、一〇代後半で家を飛び出した。その後親しくしていた男性と関係を持ち、B君を産むこととなった。B君を産んだ直後に離婚。母子家庭として子育てをスタートした。子育てがスタートした当初から、Aさんは、過呼吸が頻発し始めた。B君が〇歳の時、B君の泣き声がうとましく思え耳をふさぎ、叫びたくなる衝動を繰り返した。テレビで虐待のニュースが流れるたびに「いつか自分も子どもを殺してしまうのではないか」という恐怖心に包み込まれた。

B君が一歳になり、探索行動が始まると、Aさんが毎日きれいに整えていた部屋をちらかすようになってくる。子どもが部屋を汚すたびに、自分の領域が崩されているような苦しさを感じる。散らかった部屋、泣きわめくB君と毎日一緒に過ごすたびに、怒りの感情をコントロールできなくなることが増えた。一度感情を爆発させてしまうと収拾がつかなくなり、Aさんは自分の子育てに限界を感じるようになってきた。以前、乳幼児健診で知り合った保健師の顔を思い出し、保健センターに「助けて」と電話をした。保健センターでは、AさんとB君の距離を少し離したほうがよいと考え、Aさんに保育園での一時保育の利用を強く勧め、Aさんは、一時保育を利用することとなった。日中一時保育を利用することで、Aさんは自分の時間を持てるようになり、以前ほどのパニックはなくなってきた。しかし、突発的に感情が爆発することも多く、動悸の高まりや過呼吸は継続して起こっていた。一時保育担当の職員は心配して、Aさんに保育カウンセラーを紹介した。

Aさんが希望したため、保育カウンセリングがスタートすることとなった。Aさんとの面接は、子育ての問題よりもAさんの成育歴を中心に話が展開され、「がんばっている自分を認めてほしい」という気持ちが強く表出された。Aさんに発作やうつ症状が確認できたため、メンタルクリニックを紹介し、保育カウンセリングでは、主に子育てという枠で定期的な面接を行うこととした。

メンタルクリニックでAさんの診断書が下りたことから、B君は、保育園の一時保育利用からクラスへと措置されることとなった。Aさんは、週一回カウンセリングを行うことで、AさんとB君との関係、Aさんと母親との関係についての葛藤が整理されるようになってきた。しかし、今度は仕事をしていない状態で保育園に預けている事に対して、「保育園に入りたい人がいるのに…。みんなに申し訳ない」「自分はだめな母親だ」と自身を責めていくこととなった。

Aさんの母親は、Aさんの症状についての大変さは理解できるようになったが、小さい子どもを仕事もしていないのに保育園に預けていることに対して、不満を隠せなかった。Aさんは、母親から「働いていないのに、子どもを預けて、子どもがかわいそう」と何度も言われ、母親に会うたびに過呼吸が強くなった。また保育園の保護者会に参加すると「どこで働いているのですか?」という日常の会話が、自分を非難にしているように感じられ、「働いていないのに保育園に預けていること」に強く罪悪感を抱くようになった。さらに、毎日子どもを預けて保育園を出るとき、保育士さんからの「いってらっしゃい」という声かけが、仕事をしていないことを常に意識化させることとなり、毎日保育園に行くことが苦しくなった。そこで、カウンセリングでは、初めに保育園の機能をカウンセラーが説明し、保育園は働いている人のためのもののみではないことを知識として伝え、三歳未満で預けても子どもの成長にはまったく問題がないことを説明した。その上で、社会的スキルとしての保護者との会話練習を行うこととし、Aさんは、仕事について聞かれたら「自宅での仕事」と答えることができるようになった。

クラスの親としてのAさんの様子は、「認められたい」、「自分のことをわかって欲しい」という気持ちから、毎日の連絡帳に、Aさん自身の気持ちをぎっしりと書いてくる日が続いた。クラスの担当者は、Aさんの強い思いに戸惑いを感じながら、Aさんをどこまでどのように受けとめてよいのかわからないという不安が湧き上がっていた。そこで、カウンセラーとクラス担当者はともに話し合いながら、Aさんの大変さに一言でいいので共感的なコメントを連絡帳に書き、まずはAさんの気持ちを受けとめた後に、保育園での「子どもの様子」を伝えることにした。半年後、連絡帳の内容は、徐々にAさん自身のことからB君のことへ話題の中心が移っていった。

さて、B君が二歳になると、さまざまな方法で自我を表現するようになってきた。Aさんは、B君を受け止めるよう努力するが、幼少期に自分が母親から受け止めてもらっていないことを思い出し、B君に対してやきもちを焼くようになってくる。そこで、カウンセリングの中で、カウンセラーがAさんに母親から言ってもらいたかった言葉をたずねると、「Aちゃん、さびしかったね。お母さんAちゃんの気持ちに気づかずに、ごめんね」「A子はとってもかわいいね。お母さんA子が大好きだよ」「いつもお母さんを助けてくれてありがとうね」などの言葉が表現された。そこで、これらをカウンセラーがAさんに母親役として伝えてあげ、小さい頃のAさんの気持ちを受け止めていった。自分を受け止めてもらえたことを通して、Aさんは、B君の甘えやだだこねを受け止めることができるようになっていった。

B君が四歳になると、B君は仲間の中でもリーダシップをとるような活発な子どもとなっていった。母親の気分が落ち込んでいると、B君から「ママ大丈夫？　僕がついているからね」と励ましの言葉をかけるようになった。B君のやさしさや保育園で生き生きと遊んでいる姿を見て、Aさんは、母親として自立しないといけないと強く考えるようになり、仕事を探すことを決意する。この時期から、カウンセリングの内容は、主に仕事に向けての体調の整え方や、求人面接で落ちた時の気持ちの整理の仕方などに移行していった。最終的にはパートでマッサージの補助役の仕事を見つけることができた。Aさんとのカウンセリングは B君の卒園時に終了し、親子ともに保育園を卒園していった。

【事例2】　夫からのDVに苦しむCさん

Cさんは、保育園に四歳の子どもD君を預けている母親である。D君は、攻撃性が高く、友達を見つけては「お前殺してやる」などと脅すような言葉をよく使っていた。その一方、気に入った大人に対しては、べったりと体をあずけるように甘えてくる様子も見られた。D君の行動に気になる点が多かったために、一度Cさんとゆっくり話す機会が必要だと担任や保育園側は考えていた。

Cさんは、保育園にD君を送迎する時、ほとんど誰とも口をきかず、常に暗い表情が特徴であった。担任は、D君が気になるのでCさんと個人面談をしたいが、どのように声をかけたらよいかとカウンセラーに相談してきた。そこで、カウンセラーは、「いきなり個人面談を持ちかけると抵抗を示すかもしれないので、まずは短期間の間「挨拶」を切り口にCさんと保育園の関係性を築くことを目標としてはいかがでしょう」とアドバイスをした。同時に担任だけではなく、保育士、事務、管理職すべての人にCさんを気にかけてもらい、Cさんを見つけたら、誰でもいいので積極的に声をかけるようにお願いした。カウンセラーもCさんが迎えにくる時間帯に、D君と一緒に遊び、意図的にCさんとコミュニケーションがとれる機会をつくっていった。Cさんが迎えに来ると「D君の遊びはすてきですね。今日積み木を作ったのですが、こんなに大きなお城ができましたよ」などと、D君の肯定的な側面を継続的に伝えた。担任もCさんの連絡帳には、子育ての大変さをねぎらいつつ、D君のよさを伝えられるようなコメントを書き続けていった。徐々にCさんと担任との信頼関係が築けていき、Cさんの表情が明るくなっていった。それと比例するようにD君の保育園での様子も落ち着いてきた。その後も園全体でCさんとD君の様子を見守った。

D君が五歳になったある日、またCさんの表情の暗い日が続いたので、担任から声をかけカウンセラーとCさんが個別面接を実施することとなった。当初Cさんは、困惑した様子であったが、顔なじみとなっているカウンセラーにゆっくりと今の生活や夫との関係について語り始めた。最近夫は仕事がうまくいかずイライラしており、子どもには手を出さないが、妻であるCさんに暴力や暴言をふるうとのことであった。「お前のしつけが悪いんだ」「俺がすべてお前を管理してやる」「だめな女。お前なんか死んでこい」などの発言を夫は、繰り返していた。仕事先から三〇分おきにCさんにメールを出し、Cさんが仕事中にもかかわらず、すぐにメールの返信がないと帰宅後どなり散らしていた。また生活費もすべて夫が管理しており、Cさんには毎日一、〇〇〇円ずつ渡されていた。学校や保育園でお金が必要な時でさえ、一、〇〇〇円以上は渡してもらえなかった。Cさんは、「私は何をやってもだめな人間。いっそうのこと、私がいなければいいのに」と面接中自分を責め続けていた。まずは、Cさんの自尊心を保つよう、カウンセラーはCさん自身のつらさや大変さを共感的にとらえ、「つらい中よく耐えてきましたね」「D君も保育園で元気に過ごしているし、がんばって子育てしてきましたね。」と一貫してCさんを肯定的に受け止めた。

同時に、ドメスティック・バイオレンス（DV）に関しての知識をDV関連のパンフレットを渡しながら伝え、「夫が一方的に暴言や暴力をふるうことは、あってはならないことです。それは、あなたが悪いのではなくて、夫が間違っているんです。もし命の危険を感じることがあれば、すぐに連絡してください。夜間の場合は、この連絡先です」と二四時間相談窓口の案内や家庭支援センターの情報、緊急避難場所の情報を伝えた。Cさんは、自分が悪いのではないということが理解でき「私だけが悪いのではないと知り、とても安心しました。なんだか勇気がでた感じです」と少し元気になった。これ以降Cさんと定期的にカウンセリングを行うこととした。同時に、DVを目撃しているD君の状況は心理的虐待に当たると判断し、児童相談所および家庭支援センターへ通告した。

カウンセラーは、DVに関する間接的な情報を夫にも伝えるために、DVに関するお便りなどを発行した。Cさんは、お便りを夫が目につきやすい自宅の冷蔵庫に貼っておいた。ある日夫が何気なくお便りを読んでいる姿があった。これをきっかけに、夫自身、自らの行動を振り返るようになっていった。またCさんも夫に対して少しずつであるが「NO」を言えるようになり、徐々に夫婦関係が変わっていった。Cさんは、なるべく夫に保育園の送り迎えを頼み、保育園では夫に対して、必ず挨拶や声かけをし、夫の自尊心を保ちながら、この家族の様子を常に把握するよう努めた。D君が五歳になった時、夫は、自宅近くの職場に転勤となった。仕事の環境が変わり、仕事でのストレスが減ったことで、夫の行動が落ち着いてきた。また、D君から父親に声をかけボール遊びなどを誘うようになり、家族間のコミュニケーションも安定してきた。このため定期的なカウンセリングは終了とし、あとは日常の保育や送迎時にフォローしていくこととした。

以上保育カウンセリングの二つの事例を取り上げた。最初のAさんの事例では、親自身が成育歴の問題を引きずっており、専門的な対応が求められるケースである。このような場合、保育カウンセリングとして、すべてをひき受けるのではなく、外部の医療機関との積極的な連携が求められる。

次にCさんの事例であるが、これはDVが関連するケースである。男性および女性の中にもDVの種類や内容を正確に理解している人は、いまだ少ない。特に夫婦間DVを子どもが目撃することが、心理的虐待に当たることは、あまり周知されていない。保育カウンセリングとして、DVや虐待に関連する情報を発信していくことも重要な業務となる。またDV被害者は、無力感に襲われていることが多いので、カウンセラーは一貫して肯定的なサポートを行うとともに緊急事態を想定して、緊急避難に関する地域の情報や、離婚後の法律・福祉関係の知識も有しておくことが望ましい。

## 5　保育カウンセリングの留意点

ここまでは、保育カウンセリングの様子を筆者の経験を交えながら述べてきた。最後に保育カウンセリングの留意点についてまとめていく。

### (1)　保育園の独自性（三歳未満の子どもを預けることへの葛藤）

小さい子どもを保育園に預けることは、母性神話や三歳児神話が関連し、さまざまな葛藤や不安がともなうものである。その上、子どもが保育園でけんかをして傷などが生じると、母親は父親や祖父母から「お前が働いているから、子どもがかわいそうなめにあうんだ」「かわいそうに」などと配慮のない言葉をかけられることもあり、葛藤がさらに増加する。

一方、仕事をしていない母親がさまざまな理由から保育園を利用する場合、三歳児未満の子どもを働いていないのに保育園に預けているという罪悪感はさらに強くなる。特に、保育園は、もともと保育に欠ける子どもを措置する施設、つまり働いている親であることを前提とし、設立されたという歴史的経緯があるため、仕事ではなく諸事情で保育園に預けている状況への周囲の共感的な理解は、少ない。これは、支援者である保育士自身にもあてはまることである。「仕事をしていないのに子どもを預けて…」「時間があるくせに、保護者会に参加できないなんて…」「仕事をしていないのに、お迎えの時間が遅いなんて…」などと、つい感じてしまう保育士は、少なからず存在するであろう。しかしながら、このような支援者側の意識は、やはりどことなく親への対応の仕方に反映されてしまい、親はそれを敏感に感じとってしまうことがあるので、注意が必要である。

金田［2004］は、家族援助とは、支援者自身の子育て観や家族観が反映されるものであると指摘している。支援者である私達自身がどのような価値観を持っているのか、常に自己の家族観や子育て観を見直しながら、目の前の家族に寄りそった支援を提供することが求められるのである。

## (2) 保育方針への理解

保育園は、私立が多いため、その教育方針も独自性が強い。ある園では、小学校前教育と位置づけ、サッカー教室、英語教室、バイオリン教室、フラッシュカードなどあらゆるものを取り入れている。他の園では、シュタイナーやモンテッソリーなどの特定の理論に基づき、その保育内容を展開している。また、ある園では、自然教育を推進し、文字学習、キャラクターなどは一切禁止しているところもある。

保育カウンセリングを展開する際は、まずその園の保育方針を理解しようとする姿勢が求められる。保育カウンセラーが保育内容に疑問を感じたとしても、一方的に保育の内容や質に関する指導を行うのではなく、相手の方針を理解し、相手の保育内容を尊重しながら、支援方法を検討していくことが重要である。そして、カウンセラーと保育士が一緒になって、子ども理解や支援方法を探っていくプロセスで、結果的に保育の質や内容が改善するということが望まれるものである。

### (3) 保育カウンセリングの可能性と課題

保育園とは、生活を営む場所であり、子どもや親は、心、体、食事、対人関係、文化、伝統などの生活全般を保育園で学んでいくこととなる。子どもが豊かに育つ環境は、人間が豊かに育つ環境である。保育カウンセリングは、人間の成長を総合的にとらえる応用分野であり、子育てを通した人間の成熟、コミュニティの成熟［藤後、2007］を目指していくものである。滝口［2003］は、子育て支援を「未来に直接的につながっている」と表現しているが、保育カウンセリングもまさに未来に向かい、さまざまな可能性を秘めている。

一方、保育カウンセリングは、まだ始まったばかりの分野である。臨床心理学や発達心理学、家族援助論などを基盤とし、今後ともその内容を深めていくことが求められる。

（藤後悦子）

引用・参考文献


金田利子　2004　「21世紀家族の創造とその援助の視点」　金田利子・齋藤政子（編著）『家族援助を問い直す』　同文書院　1-13p.

厚生労働省ウェブサイト　『今後の子育て支援のための施策の基本的方向について（エンゼルプラン）』（http : //www.mhlw.go.jp/bunyA/kodomo/AngelplAn.html）2007.07.03.

厚生労働省ウェブサイト　『当面の緊急保育対策等を推進するための基本的考え方（緊急保育対策等5か年事業）』（http : //www.mhlw.go.jp/bunyA/kodomo/hoiku-tAisAku.html）2007.07.03.

滝口俊子　2003　「コミュニティアプローチとしての子育て支援」　村山正治『コミュニティアプローチ特論』　日本放送出版協会　35-46p.

藤後悦子　2001　「保育現場における心理相談員の役割─心理相談活動のプロスペクティブ・スタディ第1報─」『保育学研究』　第2号　66-72p.

藤後悦子　2007　「子育て・保育支援におけるコミュニティ・アプローチの実際」　箕口雅博『臨床心理地域援助特論』　日本放送出版協会 135-147p.

戸田有一・杉山隆一・村山祐一・神田直子・諏訪きぬ・望月　彰・渡邉保博・逆井直紀・大宮勇雄・宮里六郎　2006　「保育者の生活・労働と保育に関する意識」『保育情報』第360号　52-56p.

# 第6章　地域における保育カウンセリングの実際

# 第1節　保健所における保育カウンセリング

## 1　はじめに

「保健所における保育カウンセリング」という言葉は聞きなれないと思われる。しかし、保健所では、三、四ヶ月児健診、一歳六ヶ月児健診、三歳児健診などの乳幼児健診、および、健診後の心理・発達相談などの継続相談をはじめ、妊娠中の妊婦相談や両親学級、乳児期の授乳相談、離乳食相談、赤ちゃんサロン、乳幼児期の子育て相談、親子の集まりなど、名称は機関によってさまざまに異なっているが、いろいろな子育て支援活動が行われている。これらの健診や子育て支援活動は保健師を中心として行われているが、そこに栄養士、臨床心理士、子ども家庭相談員、福祉士、言語聴覚士、小児科医、小児神経科医、児童精神科医、歯科衛生士などの専門職が加わって多面的に行われている。さらに最近では保育士や幼稚園教諭が加わっていることが少なくない。たとえば、筆者がお手伝いしているある保健所の乳児期の親と子の集まりも、保健師、臨床心理士、保育士をスタッフとして行われている。

このように多面的に行われているのが保健所の健診、子育て支援活動であり、そこに保育士も関わっているので、臨床心理士は、保育士に対して保育カウンセラーとしての役割も担っていると考えることができる。本節では、このような視点に立って、保健所での保育カウンセリングについて、役割や留意すべき点などについて述べることにする。なお、わかりやすく進めるために、それに先立って、保健所における臨床心理士の活動、および、保健所で求められている臨床心理士の役割について確認する。

## 2　保健所における臨床心理士の活動

まず臨床心理士が保健所でどのような活動をしているのかを確認しておくことにする。臨床心理士は、①乳幼児健診に参加、②健診後の継続相談、③子育て支援活動、④研修活動、などを行っている（**表1**）。

乳幼児健診では臨床心理士は主に一歳六ヶ月健診と三歳児健診に参加しており、子どもの心理面や行動・性格面の問題の相談、言葉などの発達相談、育児不安への対応、親子関係の相談などを行っている。臨床心理士が健診対象児全員に会うことはまれであり、多くは保健師が問診をして、心理面からの相談が必要と考えられた親子に会うことになる。

また、健診後には継続指導が必要な子どもと親に対して継続相談が行われているが、これを臨床心理士が担っている。行動・性格面や親子関係の相談、発達相談、育児不安の相談などがその相談内容である。継続相談は定期的に行われているが、臨床心理士が非常勤であることと、予算不足もあって、多くの健診機関が十分な相談日を設けることができていないのが現状である［吉田ほか、2006］。そのため、相談日の開設は比較的よく行われている機関で月に一回から二回、それぞれ半日ずつである。

子育て支援活動は、保健所で近年活発に行われるようになってきている活動である。それぞれの保健所で、「親子サロン」や「親子広場」、「赤ちゃん講座」など、工夫した名前が付けられている。これらは保健師が中心となって行われており、離乳食の相談や母体の健康を狙った催しなどがあるが、臨床心理士は子どもの心身発達の理解を助ける講話、親の子育てを支援する子育て相談、親と子の情緒的関係の形成をサポートする活動、などを行っている。

研修活動にも臨床心理士は参加している。これは、保健師や保育士を対象としたものであり、子どもの発達と発達障害、親子関係の質の見方、育児不安の発見と対応などがテーマであることが多い。

## 3　保健所で求められている臨床心理士の役割

保健所で求められている臨床心理士の役割は多様であるが、①アセスメント、②子どもへの対応、③親への対応、④スタッフへの対応、⑤地域の専門機関との連携、である（**表2**）。

**表１　保健所における心理職の活動**

| | |
|---|---|
| **①乳幼児健診** | 子どもに関しては、癖や行動などの心理相談、言葉や生活習慣などの発達相談<br>親に関しては、親の育児不安への対応、子育て相談への対応、親子関係の問題への対応 |
| **②健診後の継続心理相談** | 継続相談は、心理相談や親子関係の相談、発達相談、育児不安の相談、など定期的に行われている |
| **③子育て支援活動** | 母親への子育て支援活動に参加して、子どもの発達理解、親子関係の促進、育児不安への対処などについて啓蒙的、あるいは、支援的に関わる |
| **④研修活動** | 子どもの発達、親子関係、育児不安などに関する学習の機会を提供する |

**表２　保健所で求められている心理職の役割**

| | | |
|---|---|---|
| **①アセスメント** | 子どもの発達 | 知的発達、運動発達、社会性の発達、など |
| | 親子関係 | アタッチメントの質、親子関係のゆがみ、親子の相互関係の特徴、など |
| | 子どもの心理・行動的問題 | 子どもの心理面の問題、行動・性格面の問題、など |
| | 親の心理的側面 | 親の育児不安の程度、親の子育ての仕方の特徴や傾向、親の精神的健康度、など |
| | 子育て環境 | 家庭訪問した場合の、適切なおもちゃの有無、家庭内の環境の安全への配慮、家庭での親子の関わり、など |
| **②子どもへの対応** | 子どもの心理・行動的問題への対応、発達促進的対応、 | |
| **③親への対応** | 親の子ども理解を助ける対応、親の育児不安の軽減と子育て支援、親子関係の調整的対応、親の精神面への対応 | |
| **④スタッフへの対応** | 保健師、保育士、小児科医などへの心理面からの研修、助言他職種と連携した活動、保育カウンセリングはここに含まれる | |
| **⑤地域の専門機関との連携** | 子どもや親に対する適切な対応を期待できる地域の専門機関、専門家との連携 | |

①アセスメントには、子どもの発達の程度、親子関係の質と相互作用の特徴、子どもの心理・行動的問題の程度、親の心理的側面、子育て環境、が含まれる。この役割が最も期待されている役割である。この求めに対応するために、われわれ臨床心理士は、正常発達、障害児の発達、親子関係の質、子育て環境などに関する知識を十分に身につけておく必要がある。

②子どもへの対応は、臨床心理士が子どもに直接関わり、心理・行動的問題の軽減および解消を助けるような対応、あるいは、子どもの発達を促す対応を行うものである。

③親への対応は、子どものための親面接と、親自身のための親面接にわけることができる。子どものための親面接は、子どもの心理・行動的問題の軽減および解消を助けるために親が子どもを理解するのを助け、さらに子どもに対する有効な関わりを促進する、あるいは、親が子どもの発達の問題を理解して、発達を促す適切な関わりを家庭の中で子どもに対してできるように援助する面接である。なお、この子どものための親面接の基本的な考え方は親子並行面接に準じているので、その基本的な考え方を確認しておくとよい。

一方、親自身のための親面接は、親の育児不安の軽減と子育てを支援すること、および、親子関係を調整すること、あるいは親自身の精神的不安定さへの対応などを主眼とする面接である。なお、親の育児不安に関する基礎的な知識を知っていることが、育児不安の強い母親に対応する際やスタッフの研修に役立つ［吉田、2002］。

④スタッフへの対応であるが、専門的な知識と経験を生かして保健所で働いている他職種と協力して仕事をするのが保健所の臨床心理士である。そのため、特に「対応」という

ことではなくて連携なのであるが、ときには研修を依頼されることもある。あるいは、育児不安の高い母親や子どもへの接し方や、関係がこじれている親子関係の把握方法、家庭訪問する際に着目すべき家庭環境の観察ポイント、などについて助言を求められることもある。なお保育カウンセリングはこの役割の中に含まれる。

⑤地域の専門機関との連携は、特に事後処置や継続指導後に対応が必要な親や子を専門機関に紹介する場合の連携が主である。関連機関同士の連携であれば、保健所が中心となって動いているので保健師が把握しているが、他機関にいる心理職や小児神経科医などとの個人的な関係を通しての連携が必要なことが多い。そのため「……病院」あるいは「……発達センター」にいる「……先生」との連携が、役立つことが少なくない。臨床心理士は、このような形で連携できる専門家を知っていることが、保健所での活動に役立つ。

## 4　保健所における保育士の活動

近年保健所で保育士や幼稚園教諭が活動する機会が増えてきているように見える。乳幼児健診を実施している全国の保健機関に対する調査［高野ほか、2007］によると、健診に保育士が関わっている機関がある。自由記述で寄せられた具体的内容をみると、「健診に保育士が参加し、関わった専門職種が終了後にカンファレンスをして情報交換をしている」、「保育士の協力を得て、一歳六ヶ月健診時に五〜六組の親子遊びを実施し、心理士も参加しているので、親子関係や発達について気になる子どもを見つけ、継続指導につなげている」、「健診時には子育て支援センターの保育士と連携している」、「健診時や健全育成の場において、保健師や保育士、心理士が協力して早期発見に努めている」、などが見られる。

また、発達障害への対応として行われている健診後の継続相談にも保育士は参加している。参加の程度は、健診時よりも継続相談の方がどちらかというと多い。たとえば、「保育士による遊び指導と、心理士と保健師による個別面接を実施している」、「健診後に遊びを通して子どもの発達を見る教室を、保育士、保健師、心理士、養護教諭で実施している」、「気になる子どもに対して、保育士、心理士、言語聴覚士、保健師などが育児・保育指導を実施している」、「集団の発達訓練を、保健師、心理士、保育士で実施している」などがある。

このほか子育て支援活動への保育士の関わりとして、「親子遊び教室を、保健師、保育士、心理相談員で行っている」、「親子遊び教室を開催し、保育士、心理士、言語聴覚士、保健師、栄養士、作業療法士が従事している」、などの記述がある。

以上の資料を整理すると、保健所における保育士の活動は、健診時の活動、健診後の継続相談・継続指導、子育て支援活動となる（**表3**）。

**表３　保健所において保育士が参加している活動**

| | |
|---|---|
| **１歳半健診** | 健診のときに、保育士が参加して数組の親子の集団遊びを実施し、そこに臨床心理士も参加して観察し、発達や行動問題などの発見とその後の継続相談につなげることに役立てている。 |
| **５歳児健診** | ５歳児健診を保育士・幼稚園教諭と協力して実施している。<br>親や保育士・幼稚園教諭が発達相談や心理相談を希望した子どもについて、保健機関で健診を行っている機関と、保育園と幼稚園に保健師や臨床心理士が出向いて対象年齢の子ども全員について健診を行っている機関がある。<br>また５歳児健診時に、集団で遊ぶ場面を設け、その様子を保健師、臨床心理士、保育士・幼稚園教諭らが観察し、軽度発達障害などの早期発見に役立てている機関もある。 |
| **健診後の継続心理相談に参加** | 健診後の継続心理相談や発達相談を臨床心理士が保健師と行っているが、そこに保育士も参加して子どもの相手をしている。 |
| **健診後の継続集団指導** | 健診後の継続相談、特に発達相談において、保育士や幼稚園教諭が中心になってグループ指導を行っている。 |
| **親子遊び教室・親子サロン、など** | 子育て支援活動の一環として、保健師が中心となって、親子で遊ぶ集まりを行っている。そこに保育士が加わって、親子で楽しく遊びながら、親子で遊ぶヒントや遊び方などについてアドバイスしている。 |

## 5　保健所での保育カウンセリング

前述したことをみると、保健所における保育士の活動は、一般の保育とは異なり、子どもの発達や親子関係のアセスメント、発達障害のある子どもへの発達支援、母親の子育て支援と、目的が明確で、かつ狭い範囲で行われていることが理解できる。また同時に、常に保健師などの他職種と交わりながら仕事をしていることも特徴であるといえる。このことは、保健所における保育カウンセリングを考える際に考慮されなければならない。これを受けて、以下の三点について保育カウンセリングを考えることにする。

### (1)　アセスメント

すでに述べたように、アセスメントは、臨床心理士が保健所で期待されている役割の筆頭である。臨床心理士が子どもの発達の状態や親子関係をアセスメントして、保育士の活動を援助することはもちろんである。しかし、健診の中で保育士が集団遊びや親子活動を実施し、そこでの子どもの様子や親子の関わりの様子を観察して、発達の面で障害を疑われる子どもや、親子関係に偏りのある親子を発見することが、特に五歳児健診の中で増えている［小枝、2006］。ということは、臨床心理士は保育士にアセスメントの目を養ってもらうような働きかけを求められるということである。特に軽度発達障害の発見と対応を主な目的として実施される五歳児健診では、臨床心理士は、軽度発達障害を見極めるポイントを保育士に伝える役割があるということになる。すなわち、言語発達、遊びの発達の程度、子どもとの遊び方、集団行動、協調運動などについて、要点を整理して保育士に伝え、かつ実際の健診場面に即して応用できるように育てる役割がある。また、親子関係についても同じで、関係の見方を保育士に伝えることが求められる。できたら、健診の際や子育てサロンなどの、乳児期の親子活動の機会に、母子関係の特徴と問題をとらえることができ、母親に適切な対応ができると、早期関係性障害［Sameroff et al, 1989］の予防になると思う。なお、親子関係の見方が保育士に理解されると、子育て支援活動でも役立つ。

ところで、臨床心理士が保育士に一方的に伝えるように書かれているが、実際には、乳幼児健診のときに、どのような集団場面を設定するか、どのような遊びを行うか、親子遊びは何がよいかということについては、保健師が中心になり、そこに保育士と臨床心理士、場合によっては小児神経科医が加わって決めることになる。このようにいろいろな職種が協力して動くのが保健所の特徴であり、その中での保育カウンセリングということになる。

## (2) 子どもへの対応について

保育士は、発達障害を持つ子どもたちに対して、小グループによる集団活動を継続して行っている。臨床心理士は保育士から、アセスメントの結果を活かして、発達の流れや特徴を整理して、子どもの理解を組織化するやり方（理解の組織化）［吉田、2003］や、集団活動の内容についてアドバイスを求められる。機会を見つけては話し合い、どのようなおもちゃを用意したらよいのか、どのような活動がよいか、どのような面を見ながら発達評価をしていくのか、などについて、ともに検討することになる。ただし、先に述べたように、臨床心理士が非常勤であり、また保育士も非常勤であるために、心理相談の日と集団活動の日が同じ日になることが難しく、話し合いの時間を持つのに苦労するのが現状である。しかし、両方の時間を同じ日に設定することで、問題を解消できている機関もある。

### (3) 子育て支援について

保育士は親子遊びの集いや、赤ちゃんサロンなどを、保健師と一緒に開催して、子育て支援を行っている。このような集まりに、まれに不安が強い母親や、抑うつ傾向のある母親が参加する場合がある。このようなときに、どのように対応をしたらよいか、あるいは催し後の対応としてどのようにしたらよいか、などのアドバイスを臨床心理士は求められる。このような母親が参加しても、それなりに有意義であると感じられる集まりを持つことは、保健所のスタッフの腕の見せ所である。保育士がこのような集まりのファシリテーターとして機能できるように援助することも、臨床心理士の仕事である。

## 6 おわりに

保健所において保育士の活動が注目されるようになってからまだ間がないのかもしれない。そのため、保健所における保育カウンセリングはまだ始まったばかりであるといえる。しかし、乳幼児健診で集団活動を取り入れたり、健診後の継続指導の中で保育士が集団指導を行ったり、あるいは、子育て支援活動に参加したりすることは、おそらくはこれから増えることが予想され、今後保健所における保育カウンセリングが広まることが考えられる。このことは、小児保健領域において保健所が果たす役割が多様化しながら増しており、子どもや親への心理面からの細やかな対応が求められているということである。これは、われわれ臨床心理士への要望が高まることを意味している。そのためには、保健所において、臨床心理士が安定した立場で活動できるようになり、今以上に保健師や保育士などとの連携が取りやすくなることが必要である。そのような日が来ることを願っている。

なお、紙数の関係で十分に述べることができなかった点は参考文献を挙げておいたので、そちらを見て確認していただきたい。

（吉田弘道）

引用・参考文献


安梅勅江　1996　『少子化時代の子育て支援と育児環境評価』　川島書店

藤井和子　2003　「ペアレントトレーニング・プログラム－ＡＤ／ＨＤを持つ子どもと親への理解と援助のために－」『小児の精神と神経』第43巻第1号　18-22p.

小枝達也ほか　2006　『厚生労働科学研究費補助金　子ども家庭総合研究事業　軽度発達障害児の発見と対応システムおよびそのマニュアル開発に関する研究　平成年度総括・分担研究報告書』厚生労働省

宮本信也　2000　「注意欠陥・多動性障害」『小児の精神と神経』第40巻第4号　255-264p.

齋藤久子監修　2000　『学習障害　発達的、精神医学的、教育的アプローチ』　ブレーン出版

齊藤万比古　2000　「注意欠陥／多動性障害（ＡＤＨＤ）とその併存障害-人格発達上のリスク・ファクターとしてのＡＤＨＤ」『小児の精神と神経』第40巻第4号　243–254p.

Sameroff, A. J., Emde, R. N.(Eds)　1989　*Relationships in early childhood : a developmental approach.* Basic Books. New York　（小此木啓吾監修、井上果子訳者代表　2003『早期関係性障害』　岩崎学術出版社）

Schopler, E., Van Bourgondien, M. E., & Bristol, M. M. 1993 *Preschool issues in autism. Plenum Press.*（伊藤英夫監訳　1996　『幼児期の自閉症・発達と診断および指導法』　学苑社）

杉山登志郎・辻井正次編著　1999　『高機能広汎性発達障害：アスペルガー症候群と高機能自閉症』ブレーン出版

高野陽ほか　2007　「子ども家庭総合研究事業　新しい時代に即応した乳幼児健診のあり方に関する研究」高野陽ほか『厚生労働科学研究費補助金　乳幼児健診システムに関する全国調査、自由記述欄分析結果 - 2005年および2006年調査の統合　平成年度総括・分担研究報告書』　厚生労働省　73–114p.

内山登紀夫・水野薫・吉田友子編　2002　『高機能自閉症・アスペルガー症候群入門』中央法規

吉田弘道　1999　「正常発達のアセスメント・心の発達」前川喜平・白木和夫・安次嶺馨編　『今日の小児診断指針』　第3版　医学書院　10–16p.

吉田弘道　2002　「育児不安と健診：養育機能不全家庭の早期発見と支援」『チャイルドヘルス』第5巻第4号　277–280p.

吉田弘道　2003　「乳幼児の発達の見かた」　帆足英一監修、諏訪きぬほか編『実習保育学』日本小児医事出版社　240–256p.

吉田弘道　2005　「母子並行面接における精神分析の貢献と問題点」『臨床心理学』第5巻第5号 628–635p.
吉田弘道ほか　2006「乳幼児健診における軽度発達障害児の支援を含む心の健康問題への対応」高野陽ほか、厚生労働科学研究費補助金『子ども家庭総合研究事業、新しい時代に即応した乳幼児健診のあり方に関する研究　平成年度総括・分担研究報告書』　厚生労働省　70–79p.
吉田弘道　2007　「正常な乳幼児の姿と育児相談　2.精神・運動機能発達」高野　陽・中原俊隆編　『乳幼児保健活動マニュアル』　文光堂　248–262p.

# 第2節　NPOによる保育カウンセリング
## ――学校との連携をめぐって

### 1　はじめに

子育て支援に関するグループが各地で数多く設立されている。それだけ子育てに関する親の悩みや不安が多いと言える。そうした悩みや不安に応えるための一つの試みとして、かつてY市が行った「幼稚園における子育て支援活動」がある。これは、中核となる三つの幼稚園に各一名の臨床心理士を配置した支援活動である。筆者はその一人としてこの支援活動に参加した。各幼稚園におけるニーズや特徴により臨床心理士の関わり方は、①専門相談、②保護者による子育て相談グループ、③保育者へのコンサルテーションと、その関わり方の重点は異なったが、保護者や保育者からは今までとは違った視点でのアプローチができるようになったと高い評価を得た。しかしながら、幼稚園と小学校との連携という点では、後述するような問題点が生じ、連携の重要さと同時に困難さも痛感することになり、対策を模索することになった。

## 2　校種を越えたNPO法人の誕生

平成七（一九九五）年度から臨床心理士がスクールカウンセラーとして中学校を中心に配置されるようになった。その後、スクールカウンセラーの配置は年を追うごとに広がりを見せてその校区の小学校まで業務を拡大し、数は少ないながらも小学校にも臨床心理士を派遣するようになった地域もある。しかし、そのような動きをただ待つだけでなく、積極的な取組みをはじめたところがある。平成一二（二〇〇〇）年にA市のX校区では、小中連携の重要性を鑑みて、中学校とその校区の小学校の児童生徒や保護者および教職員が気軽に相談できるシステムの構築をはかるために、「地域スクールカウンセラー」の導入を始めた。これは、三年後には中学校と小学校および各学校のPTAが中心となって、校種を超えて教育課題に取り組むNPO法人X地域教育振興会（以後、NPO法人）（**図1**）に移行した。このような経緯で誕生したNPO法人であることから、小中連携の内容は他の校区では見られないきめ細かな内容になっている。例えば、月一回、小学校と中学校の担当者がワーキンググループ会議を開き、九年間の子どもの育ちを次の七項目に基づき現状報告を行い、検討を重ねている。七項目とは、①児童の実態把握、②支援の計画・立案、③相談機関との連絡調整、④関係機関との連携・推進、⑤研修・啓発の推進、⑥職員のこころの健康への配慮、⑦資料の整理・保管である（今回は紙面の都合上、報告書のシートは割愛する）。

**図1　校種を越えたNPO法人**

小学校と中学校の担当者が一堂に会して行うこの会議により、共通の視点に立って小中九年間の見守りと小中の連携が十分に行われるようになってきている。また、臨床心理士が中心になって行う小中教職員の合同研修は、それぞれの過程での子どもの理解や認識を深め、さらに意見交換ができることによって小中教職員同士の意思の疎通性も良くなってきている。これに加えて、小中それぞれの担当者に対するマネジメント研修を実施し、校内連携や外部機関との連携が適切に速やかに行えるようにしている。

このように、A市のX校区では小学校と中学校が協力して校種を越えて、校種間の連携を行ってきている。ところが、幼稚園と小学校との連携はさほど行われていない。しかも、臨床心理士が派遣されているところは少なく、園児への関わり、保護者への援助、教員とのコンサルテーションもほとんどない状況である。冒頭の「はじめに」で触れたように、Y市での取り組みの場合もまさにこの点が大きな課題となって残った。例えば、園児の中には（高機能）発達障害が疑われるケースや医療機関の受診が是非とも必要なケースなどがあったが、教員が十分に認識し把握していないという状況が見受けられた。臨床心理士の保護者への関わりや職員研修を通じて、教員の理解を深めつつ医療機関への受診を促すという働きかけがなされた。しかし、保護者が医療機関の受診を躊躇《ちゅうちょ》している間に卒園の時期を迎えるという事態に至った。このため幼稚園側から小学校に十分な配慮と、慎重な対応を求める内容の「申し送り」を行ったことは当然である。ところが、担任教諭はその対応を優先するあまり、さらなる情報を得ようとして保護者に幼稚園で臨床心理士に保護者面接を受けていた事実を持ち出し、さらに「申し送り」の内容まで伝えて詳細な情報を引き出そうとした。このような担任の行為は幼稚園が情報漏えいを行い、プライバシーを侵害したとして保護者に幼稚園に対する不信感を募らせ、教育相談体制そのものまでに疑念を生じさせることに発展した。

小学校に臨床心理士が派遣されている学校は中学校に比べて圧倒的に少ない現状で、幼稚園からの配慮を要する子どもに関する「申し送り」を教育現場でどのように活用していくか、また、相談に関する扱いや守秘義務に関する知識や注意を一人一人の教師にいかに高めていくか、今後の課題として残った事例と言えよう。

上記の事例は、この「申し送り」の誤った活用方法であるが、「申し送り」は送る側にとっても受け入れる側にとっても本当は必要かつ重要な業務である。送る側は、大切に教育し育てた子どもが、どのように受け入れられ、どのように成長していくか、不安と期待の思いで送り出している。一方、受け入れる側では環境の違いに早く順応し、元気に順調に学校生活が送ることができるようになることを念頭に、受け入れ準備を行う。特に、配慮を要する子どもについては「申し送り」に沿って、適切な体制を整える必要に迫られる。しかしながら、「申し送り」が不十分な場合や、送り手側と受け入れる側との認識度や重要視する項目が異なり、ミスマッチを引き起こすことがある。このため入学後、対応に遅れが生じることがあり、その結果両者の間で不満や不信感の発生することがある。このようなことを極力防ぎ、円滑な受け入れをし、適切な対応を目指して、A市のX校区では、中学校と小学校の担当者にNPO法人の臨床心理士も加わり、「小中連絡会・聞き取りメモ」を作成した。このシートは、「学習面」「リーダー性」「問題行動」「人間関係」「身体状況」「家庭状況」「その他」などの項目に分けて記入するようになっている（図2）。この「小中連絡会・聞き取りメモ」は、決して個人情報を学校間で漏えいし合っているのではない。正しく、その児童・生徒を理解し、配慮していくために必要な最低限の情報である。もし、なければ対応に遅れが生じる可能性があり、それが一因となり生徒や保護者から教職員に対して不信感が生まれることが時にはあることを否定できない。また、その結果、生徒が意欲低下や不登校に陥らないとも限らない。したがって、弊害を防ぎ、きめ細かな関わりとして活用できることを念頭に個人情報の扱いを慎重にしていることは言うまでもない。

このような「小中連絡会・聞き取りメモ」を採用したA市のX校区では、採用前と比べ、受け入れ態勢を十分に整えることができたため、入学前には心配されていた生徒たちの多くは、安定した学校生活を送っているという報告を得ている。

他方、このような小中連携の問題とはまた別に、個々の母親や保育者には入園前から入園後にかけての子育てに関する悩みや不安がある。それを補うかのように各地で多くの子育て支援グループが生まれている。政府も少子化問題と相まって、ようやくその対策を急ぎ始めた。その意味で筆者が派遣されたY市での幼稚園における取り組みは画期的なものであったと言える。残念ながら、Y市での行政のこの取組みは、諸般の事情により多くの保護者や教員の期待に反して継続されずに、中断されてしまった。もし、継続されていたなら、保護者や教員にとって大きな支えになっていただろうし、Y市においても幼小中連携への道筋が確立していった可能性があり、中断は残念の至りである。

## 小中学校連絡会 聞き取りメモ

| | | 組 | 番 |
|---|---|---|---|
| | 小 学 校 | | |

| 学習面 | 国語 | 算数 | 学力、特別な支援をする必要があるか。 | リーダー性 |
|---|---|---|---|---|
| | 3 | 3 | | 学級をつくりあげる力、声が出せるか。 |
| | 2 | 2 | | 大←リーダー性→小 |
| | 1 | 1 | | RR ・ R ・ r |

**行動の様子**

□まじめ □意欲的 □無気力・消極的 □おとなしい
□指示に従わない □興奮しやすい □落ち着きがない
□感情の浮き沈みが激しい □過度の甘えや依存がある
□嫌なことを徹底して避ける □校則違反をくり返す
□いじめ被害の経験あり □いじめ加害の経験あり

教師が本人や保護者にどんな指導をしたか、また、
それにたいする反応など。

重 ← 問題行動 → 軽

問題行動 A B C

**人間関係**

＋面

支援必要度
H→大、h→小
F→不登校（傾向）

H・h・F

－面

離すべき子（保護者についても考慮したうえで。）

**身体状況**

**家庭状況**

家族構成、キーパーソンがいれば誰かなど。

保護者の問題意識やタイプ、教師との関係など

**特 徴**

**その他**

発達に関すること（落ち着きがない、話が聞けないなども含めて）、
関係機関との連携の有無（必要と感じるかも含めて）など

| 欠席日数 | 1年 | 2年 | 3年 | 4年 | 5年 | 6年 |
|---|---|---|---|---|---|---|
| | 不登校（傾向）の時期があった等、心配な場合は必ずお知らせ下さい | | | | | |

今の状態だけでなく、中学生になるとどうなりそうかという見通しをお話し下さい。
得意なこと、いいところなど、
人間関係を築くうえでプラスになることもお伝えください。

**図2 聞き取りメモ**

各地で独自に組織化されている子育て支援サークルやグループでは、子育て経験豊かな母親たちが先輩として、若い子育て中の母親に自己の子育ての経験を語ったり、アドバイスを行っているところが多い。若い母親にとっては力強い味方として歓迎されている。その一方で、自己の経験がすべてであるという思い込みや成功した子育て方法がどの子どもにも当てはまるという強い思いが問題に発展している場合も少なくない。逆に不成功であった子育て法が成功につながることもあるのだが、そのような状況判断ができずに、支援者と母親たちの間でトラブルになるケースもあり、ここに子育て支援の難しさがある。さらに、注意が必要な発達上の問題題や早期に専門家への連携が必要な場合の判断、および母親への説明や説得などは専門的な関わりが不可欠であり、熱意や誠意だけではカバーしきれない側面が多々ある。各地での子育て支援グループの実態を知るにつけて、こうした点を踏まえての子育て支援がいかに必要であり、大切であるかを筆者はY市における子育て支援に参加しているだけに痛感していた。

そこで、筆者はこのような視点を踏まえての子育て支援が必要であると考え、NPO法人が受け皿となり、専門家が参画する子育て支援を行うことにした。

## 3　NPO法人における子育て支援

地域で活躍する子育て支援グループが適切にかつ有効にその力を発揮するためには、子どもの発達過程における基本的な知識が必要である。さらに支援としていかに関わっていくかが重要である。その関わり方によっては支援がトラブルにならないとも限らない。そこでこのようなことを十分に自覚し、基本的な知識を有する子育て支援者が必要と考えて打ち出したのが「ピア・サポーター」という制度である。

## (1) 「ピア・サポーター」の誕生

筆者が所属するＮＰＯ法人は、その活動の一つとして、「地域スクールカウンセリング事業」がある。この事業は、『学校臨床』と『地域臨床』の二つの部門で構成されている。その一つの『地域臨床』の部門に、筆者は独自の「ピア・サポーター」に関する認定制度を創設した。この資格は当ＮＰＯ法人の活動範囲でしか通用しないものではあるが、その狙いは次の点である。

①「ピア・サポーター」のピアは仲間という意味であることから、支援者は仲間を支えるのであって、指示したり、指導する立場に立たない。そのためには、「傾聴」することが最優先であるということを認識して関わる。
②保育カウンセリングが必要と考えられるケースでは、速やかに臨床心理士と親とをつなぐ。
③子育て支援者の支援能力の一定水準を維持する。
④支援者が自覚と責任をもって活動する。
⑤活動中に生じるさまざまな問題に対して独善的に対応するのではなく、専門家、ま

ずは臨床心理士と連携する。

この制度は支援者にとっては大きな支えとなり、安心感につながっている。認定を得るためにはNPO法人独自の「子育てピア・サポーター養成講座」のすべてを受講し、面接を受けなければならない。認定後は、定期的なミーティングの出席や活動報告書（図3）の提出が必須であり、臨床心理士が状況を把握して活動が十分に機能できるように配慮している。認定期間は一年で、継続する場合は研修講座の受講や面接などの一定の条件を満たさなければならない。これはピア・サポーターの資質の向上と活動に対する意欲や自信につながっているが、何よりもこの制度は支援者に対して、臨床心理士という専門家にいつでも相談でき、アドバイスを受けることができるという安心感を与えており、その活動を支える基盤となっていると言えよう。

### (2) 活動状況

A市のB人権文化センターの子育て支援事業に当NPO法人の認定したピア・サポーターを派遣し、育児に関する母親の悩みや不安、戸惑いに関して支援を行っている。認定されたピア・サポーターは、母親たちに過度に介入することはなく、適度な距離を保ちつつ、母親の悩みに耳を傾け、「聴く」という態度を最優先にする。自己の子育て経験を前面に出したり、母親の子育てに対して批判的にならず、まずは「傾聴」するという姿勢で臨むことを徹底している。

集まってくる母親の年代層は二〇歳～三八歳位、子どもの年代は〇歳～四歳頃で、若い

| 子育てピア・サポーター活動報告書 | 報告者： |
| --- | --- |
| 日時 | |
| 場所 | |
| 活動名称 | |
| 活動内容 | |
| 感想・今後の課題 | |
| 備考 | |

**図3　活動報告書**

母親たちにとっては、このような姿勢での子育て支援に対して、安心感と信頼感が生まれ、さらに親近感を持って気軽に集まる傾向が強まってきている。母親同士の会話から、自己の悩みが自分一人の悩みでなく、他の母親たちも同じような悩みを有していることに安堵感を持ち、自分の子どもだけが特異ではないことに胸をなでおろすという体験は、若い母親たちに好評である。また、書籍で得た知識ではなく、同じ体験をしている母親たちと体験を分かち合えることの意義は大きい。しかも、子育ての経験豊かなサポーターが身近にいて、まずは耳を傾け、押し付けがましい態度で接することがなく、仲間（＝ピア）という姿勢で臨むサポーターの存在は、若い母親達にとっては得がたい存在になっている。

社会学者の小笠原［1988］は、乳幼児期の親子関係は上下関係であり、上から下への構造の中で親が子どもに基本的な生活様式を習得させると述べている。言い換えるなら、「垂直的関係」である。「三つ子の魂百まで」と言われるように、この時期に親から習得した生活様式や考え方の基本は、社会的人格形成の基盤となり、個人の人生に後々まで大きな影響を及ぼすことになる。この大事な時期に子どもとどのように接するか、どのように躾《しつけ》をし、どのように育てていけばいいのか戸惑う若い母親が昨今、増えてきている。これが確かな「ピア・サポーター」の存在が期待される所以《ゆえん》でもある。

また、最近は安心して幼い子どもを遊ばせる場所が減少してきている。それが子供同士の遊びを制限してしまい、仲間同士のコミュニケーションの形成も阻んでいることが専門家の間でも指摘されているところである。親と幼い子どもとの関係が「垂直的関係」であるなら、子ども同士の関係は「水平的関係」であると小笠原［1988］は述べている。子どもが幼い間は母親が近くにいるものの、遊びの中で独立した主体として、平等な関係で他人と交渉することになる。ここで、各家庭で習得してきた行動様式が相互にぶつかり、試され、視野が広がることになる。この時期は、まだ、母親が近くにいることが多いため母親の庇護《ひご》を受けることができるが、やがては独力で他者と交渉し、渡り合っていく力を育てていくことになる。時にはリーダーを通して、自分たちのルールを作ったり、修正したりしながら、集団の行動様式を学習していく。このような過程を通じて、保育園・幼稚園での集団生活が可能になり、やがては学校生活での仲間作りへの発展につながる。

そのためには安全で安心できる環境が必要であり、その中で子ども同士がケンカや仲直りを通して仲間作りの基礎を学んでいくことが不可欠である。A市のB人権文化センターは、社会情勢に応えてそのような「場」を提供していると言えよう。

時には、市の保健師や保育士も加わることにより、ピア・サポーターだけでなく、専門的な視点で子どもや親への関わりが可能となり、効果的な子育て支援が行われている。その意味からA市のB人権文化センターのこの試みはさまざまな点をカバーしうる一翼を担っていると言えよう。

しかし、何といっても大きな利点は、講座を受講したピア・サポーターが関わっていることであろう。単なる躾《しつけ》上の問題であるのか、発達に何らかの問題があるのかをある程度、見極めることができ、少しでも疑念を感じた場合は速やかに専門家への橋渡しを行うように指導を受けている。このことにより、早期に専門家が関わって助言し、関係機関との連携を速やかに行う体制が整っていると言うことができよう。

回を重ねるごとに集まる親子の数が増え、保護者の評価も上がり、着実に成果を上げてきている。

### (3) 学校および学童保育とNPO法人との連携

NPO法人の「地域スクールカウンセリング事業」のもう一つの部門が『学校臨床』である。この部門では、児童・生徒、保護者・教職員を対象として、カウンセリングやコンサルテーションを実施し、学校間の校種を超えて児童・生徒の成長を見守り、支援を行っている。

児童・生徒の成長を見守るという意味では学童保育と学校との連携も重要である。

小学生の放課後の生活を支援する学童保育は、働く親にとっては大きな支えになっている。放課後、親が仕事を終えるまでの間、子ども達はここを「もう一つの生活の場」として利用している。ここで、おやつを食べたり、宿題をしたり、仲間と遊んだりする。また、ここから塾やお稽古事に行く子どももいる。このような「もう一つの生活の場」では、学校や親が気づいていない別の側面を見せていることもあるし、親や教師が問題視している子どもの言動が増幅されていることもあれば、軽減されていることもある。子ども達がそのような姿を見せる学童保育という「もう一つの生活の場」において、指導員は専門的なアドバイスを必要とする場面に少なからず直面している。このような場合、学校と連携し、子どもや保護者とも面接関係を有しているNPO法人の「はーとネット教育心理相談センター」がその役割を果たしている。その時々の子どもの心理状態の説明や関わり方は、指導員にとって子ども理解の一助となり、学童保育と学校との連携もスムーズに行われることになる。特に、対応に苦慮する子どもに対しては、専門家からのアドバイスは指導員にとって、大きな支えになっている。

## 4　おわりに

最近、ＮＰＯ法人と公民館との連携も行われるようになってきた。公民館の職員が、前述した「ピア・サポーター養成講座」を受講し、ＮＰＯ法人の認定を受け、児童・生徒や保護者への活動にその知識を生かしている。また、公民館が行うイベントには、ＮＰＯ法人の臨床心理士の専門的なアドバイスを参考に企画・立案することも行われるようになってきている。このような新たな動きは、行政の縦割り的な支援だけでは得られない横の連携による成果と考えられる。各分野との連携や調整を十分に行い、きめ細かな支援活動が実施できるのはＮＰＯ法人であるからこそとも言える。今後、さらなる活動が期待される。

（杉森基子）

引用・参考文献

Cooley, C. H.　1909　*Social Organization : A study of the larger mind.*（大橋 幸・菊池美代志（訳）1970『社会組織論』　青木書店）

Cowie,H. & Sharp, S.　1966　*Peer counseling in schools.*　（高橋道子（訳）　1997　『学校でのピア・カウンセリング』　川島書店）
原田正文　2002　『子育て支援とＮＰＯ』　朱鷺書房
小笠原　眞　1972　『集団社会学の研究』　啓文社
小笠原　眞　1972　『集団社会学の展開』　啓文社
小笠原　眞　1972　『集団社会学への誘い』　啓文社

# 第3節　行政における「子育て支援」の施策

## 1　はじめに

少子高齢化が社会的問題になり、政府もその対策に追われるようになって久しい。女性の社会進出も加速し、立法サイドからも一九九九（平成一一）年「男女共同参画社会基本法」が整備され、内閣府に男女共同参画局が設置された。

また二〇〇三（平成一五）年七月には少子化対策基本法が成立。政府は二〇〇四（平成一六）年六月に少子化対策大綱を決定し、少子化対策を最優先課題として位置づけた。

この流れの中で「働く女性」への支援と子育て支援が必要とされ加速してきた。

また、一方で児童虐待が社会問題となり、この観点からも「子育て支援」が必要なものと認識され、政府・地方自治体がそれぞれに子育て支援に力を入れるとともに、各地でＮＰＯなどの子育て支援事業が活発に行われるようになった。

## 2　子育て支援行政の背景

もともと戦前および戦時中、わが国は旧民法下において、大家族制をとっており、祖父母と多くは長男を家督相続者とする「家」、さらに長男の子どもという三世代家族が、とりわけ農村部では主流をなしていた。なかには未婚の成人を含め、小姑と言われる叔母や叔父も同居する大家族が多かった。

子どもたちは、祖父母やおじ・おばに面倒を見てもらい、さらに何人もの兄弟の中で、切磋琢磨されて生育してきた。

また地域コミュニティーにおいても、子どもは国の宝であり社会の子どもとして、近隣の住民からも大切に扱われてきた。

しかし、戦後、とりわけ高度成長の波に乗って、マイホーム志向が強まり、核家族が進行する中で、父母と子どもだけという家族が単位になり、さらに都市化の傾向が強まることにより、地域コミュニティーが希薄化した。そして、おそらくはマイホーム志向と軌を一にして、女性の社会進出が進み、いわゆる共働き家庭が増えてきた。

その結果、本来は両親の病気その他の事情により、特別な場合に一時的に未就学児を保育する保育園が公立私立を問わず急激に増加していった。

当初は文部省（現在は文部科学省）が所管する幼児教育を施す場である幼稚園と厚生省（現在は厚生労働省）が所管する保育所がはっきりと区別され、幼児を送り迎えできて、夏休みや冬休みなどの長期休暇もある幼稚園に通園させる家庭と、夕方母親（もしくは父親、あるいはそれに代わる人）が送迎できて、場合によっては母親が勤務を終えてから迎えに行くまで保育をしてくれる保育園が両立していた。しかし、最近では行政レベルでも「幼保一元」が検討され、幼稚園でも時間外保育を行うところが増えつつある。

さらに、前述のように、児童虐待の認知件数が急増し、二〇〇〇（平成一二）年一一月に児童虐待防止等に関する法律が施行された。

児童虐待の増加の原因は、それぞれの立場の専門家により、さまざまに分析理解されているところであろうが、その大きな要因として核家族化があげられる。つまり、大家族制が少なくなり、核家族や少子化により、母親の子育てが孤育てになっているということである。いきおい、母親は子の養育に自信を持てず、不安や焦燥感がいたいけな幼児に向けられるというものである。

このことも、やはり公私を問わず、子育てのサポートを必要不可欠とする社会情勢をうんでいる。

## 3　行政の施策

上のような時代背景の認識に立って、厚生労働省は、児童手当制度の充実に加えて、

(1)　つどいの広場

(2)　子育て支援センター事業

（3）育児支援家庭訪問事業
（4）ファミリーサポートセンター
（5）放課後児童健全育成事業

などの施策を展開している。

まず、「つどいの広場」とは、「子育て親子の交流、集いの場を提供する」もので、そこでは「地域の子育て関連情報を集まってきた親子に提供し」、「子育てアドバイザーが、子育て・悩み相談に応じる」などの事業を展開している（**表1**）。

子育て支援センター事業とは「地域全体で子育てを支援する基盤の形成をはかるため、子育て家庭の支援活動の企画、調整、実施を担当する職員を配置し、子育て家庭等に対する育児不安などについての指導、子育てサークル等への支援などを通して、地域の子育て家庭に対する育児支援を行うこと」を目的としている。

その具体的な事業内容は、

（1）育児不安などについての相談指導
（2）子育てサークル等の育成・支援
（3）特別保育事業等の積極的実施・普及促進の努力
（4）ベビーシッターなど地域の保育資源の情報提供など
（5）家庭的保育を行う者への支援

となっている。

これは、平成五年度（一九九三）に事業が創設され、新エンゼルプランなどに基づき箇

表1　つどいの広場事業の概要

| | |
|---|---|
| 趣　旨 | 近年の少子化、核家族化の進行に伴う家族形態の変化や、都市化の進展に伴う近隣との人間関係の希薄化により、子育て中の親が、子育てや育児について気軽に相談できる相手や仲間が身近な地域にいないなど、家庭や地域における子育て支援機能の低下が問題となっています。また、その影響で子育て中の親には、「密室育児」による孤立感、閉塞感をもたらし、子育てへの不安や精神的負担感を増大させており、その結果、我が子を虐待に至らしめるケースにもつながりかねないなど、子育てへの負担感の解消を図ることが喫緊の課題となっています。<br>このため、主に乳幼児（0〜3歳）を持つ子育て中の親が気軽に集い、うち解けた雰囲気の中で語り合うことで、精神的な安心感をもたらし、問題解決への糸口となる機会を提供することが必要であることから、その機能を有する「つどいの広場」事業を実施するものです。 |
| 事業内容 | つどいの広場においては、次の4事業を実施することとしています。<br>(1) 子育て親子の交流、集いの場を提供すること。<br>(2) 子育てアドバイザーが、子育て・悩み相談に応じること。<br>(3) 地域の子育て関連情報を、集まってきた親子に提供すること。<br>(4) 子育て及び子育て支援に関する講習を実施すること。 |
| 実施方法 | (1) 実施場所は、主に公共施設内のスペース、商店街の空き店舗、公民館、学校の余裕教室、子育て支援のための拠点施設、マンション・アパートの一室などです。<br>(2) 事業の実施は、拠点となる常設の場を設け、週3日、1日5時間以上開設することを原則としています。<br>(3) 茶菓子代などは、利用者から実費を徴収することができます。 |
| 配分方法 | 次世代育成支援対策交付金において、取り組み内容に応じて、定められたポイントで配分しています。 |
| 設置か所数 | 682か所【平成19年3月14日現在】 |
| 実施主体 | 市町村（特別区を含む。） |

所数を増やしてきた結果、一〇年後の平成一五年度（二〇〇三）には全国約二、五〇〇ヶ所で実施されているという。

育児支援家庭訪問事業は、

（1）出産後間もない時期に、育児ストレス、産後うつ病などにより、子育てに不安や孤立感などを抱いている家庭（※妊娠期から継続的な支援を必要とする家庭も対象となる）

（2）ひきこもりなど家庭養育上の問題を抱える家庭や、子どもが児童養護施設など退所後の自立へのアフターケアが必要な家庭

（3）子どもの心身の発達が正常範囲にないなど、将来、精神・運動・発達面などに障害を招来するおそれのある子どものいる家庭

を対象に子育てOB（経験者）やヘルパーまたは保健師、助産師などが訪問による育児・家事の援助などを実施するもので、実施主体は市町村とされている。

ファミリーサポートセンターは当時の労働省が構想し設立が始まったもので、現在ではその設立運営は市区町村が主体となって行われている。

目的としては、働く人々の仕事と子育てまたは介護の両立を支援しようとするもので、次のような援助が行われている。

【育児の援助】

・保育所までの送迎

・保育所の開始前や終了後に子どもを預かる
・学校の放課後や学童保育終了後に子どもを預かる
・学校の夏休みなどに子どもを預かる
・保護者の病気や急用などの場合に子どもを預かる
・冠婚葬祭や他の子どもの学校行事の際、子どもを預かる
・買い物など外出の際、子どもを預かる

【介護の援助】

・高齢者などの食事の準備や後片付けを行う
・高齢者などの部屋の掃除や衣類の洗濯を行う
・高齢者などの通院、買い物などに付き添う
・遠くに住んでいる労働者に代わって、高齢者などへ上記の世話や訪問による安否確認を行う

（財団法人女性労働協会のウェブサイト：http：//www.jaaww.or.jp/service/family_support/index.html より）

システムとしては、援助を受けたい人（依頼会員）と、援助を行いたい人（援助会員）が、それぞれにセンターに申し込み、会員登録することで、原則有償でサポートが実施されている。

「放課後児童健全育成事業」は児童福祉法第六条の二第一二項の規定に基づき、保護者が労働等により昼間家庭にいない小学校に就学しているおおむね一〇歳未満の児童（放課後児童）に対し、授業の終了後に児童館等を利用して適切な遊び及び生活の場を与えて、その健全な育成を図るものであるが、〝放課後児童クラブ〟の設置状況としては、平成一八年で全国一五、八五七ヶ所。登録児童数は、七〇四、九八二人にのぼっている。（平成一八年五月一日現在：厚生労働省雇用均等・児童家庭局育成環境課調べ）

引用が長くなったが、ことほどさように、行政が子育て支援に力を入れ、少子高齢化社会への対応、男女共同参画社会の実現にさまざまな施策を講じているということが見て取れる。

## 4 〝子育て〟に対する心理的支援

その一方で、子育て中の親に対する心理的な支援はどのようになっているのであろう。厚生労働省が所管し、各都道府県と政令指定都市に設置されている児童相談所（最近では「子ども家庭センター」「児童相談センター」と呼称される地域も増えている）が、公的なものでは、その第一先機関であろう。

ただしかし、最近の児童相談所は、増加し続ける児童虐待事件の対応に追われている印象もある。

上に述べたファミリー・サポート・センターも、相談窓口を設けているところが多いし、市区町村の「児童課」あるいは「児童福祉課」なども〝子育ての悩み相談〟に応じているところもある。

しかし、この節の冒頭で述べたように、核家族化が進行し、若い親が子育てをしていく上で、子どもの発達に関する不安や、病気・素行に関する悩みなど、心理的援助を必要とする場合も少なくない。

「3 行政の施策」のところで見てきたように「つどいの広場事業」においては『子育てアドバイザーが、子育て・悩み相談に応じる』ことになっているし、「子育て支援センター事業」の中では、『育児不安等についての相談指導』がうたわれている。

各地で子育てアドバイザーや相談指導の専門家が生まれ育っている状況かと思われる。子育てをした経験のある方や、保育士・幼稚園の教諭など、保育のプロがアドバイザーや相談者を務めておられるところも多い。

いずれにせよ、「子育て」を「孤育て」にしないための取り組みが進められていると考えるが、さらにその量的・質的向上が求められている。

また、上のような公的機関と別に、あるいはそれと連携して民間のクリニックや相談機関の発展充実も期待される。

日本臨床心理士会でも、被害者支援や高齢者支援とともに、子育て支援にも力を入れており、各都道府県の臨床心理士会ではその相談助言の窓口を設けているところもある。

（友廣信逸）

## 引用・参考文献


岩田美香　2000『現代社会の育児不安』　家政教育社

厚生労働省ウェッブサイト　（http://www.mhlw.go.jp/）　2007.09.26.

牧野カツコ　2004『子育てに不安を感じる親たちへ―少子家族のなかの育児不安（MINERVA WOMEN, SLIBRARY）』　ミネルヴァ書房

財団法人女性労働協会ウェッブサイト

（http://www.jaaww.or.jp/service/family_support/index.html）2007.09.26.

# 第4節　インターネットによる子育て相談

本節では、二〇世紀末に急速に広まった新たなメディア、インターネットを活用した子育て支援の実際と、その可能性や課題について述べる。

## 1　子育て支援とインターネット

二〇〇七（平成一九）年八月現在、インターネットの検索エンジン、グーグル（Google）で「子育て」「サイト」「相談」の三つのキーワードを入力してみると、二五五万件がヒットする。さらに「心」を加えて絞り込んでも、なお一八七万件がヒットする。そこには、自治体、NPO、企業などが開設する子育て支援サイト、子育て中の個人のブログ（Weblog）、相談先のリンク集などさまざまな内容のものが含まれている。おびただしい情報のなかから、自分が知りたいことのキーワードをいくつか組み合わせてパソコンや携帯端末に入力すれば、クリック一つ、コンマ何秒かのうちに、必要な知識や助言が画面に提示されるのである。「ネットのない子育て」なんて想像もつかないというのが、今日の若い親たちの実感ではなかろうか。

しかしながら、ほんの十数年ほど前には、今日のような、自宅にいながらにして子育てに関する多様な支援を得られる状況を予想することはできなかった。IT（情報技術）の飛躍的な発展とともに、日進月歩の勢いで、インターネットは子育てを支える強力なツールとして浸透しつつある。まずは、ここ十数年の、子育てとメディアの関係の変化を概観し、現在点を確認するところから始めたい。

ところで、すでにこれまでの章でも触れられていると思うが、わが国において「子育ての危機」が公に認識されたのは一九九〇（平成二）年のことである。前年の一九八九（平成元）年に合計特殊出生率が丙午《ひのえうま》の年を下回ったことが「1.57ショック」として大きく報道され、その後行政によるさまざまな子育て支援施策が展開されることになった［松尾・高石、2003］。戦後長らく、子育てが〝私的〟かつ〝個人的〟な領域の営みとして個々の家族にゆだねられてきた結果、〝子育ては難しく、回避したいもの〟という意識が人々の間に広がり、結果的に少子化現象に拍車がかかった。核家族の、密室における子育ては、効率主義・成果主義の戦後教育を受けてきた女性にとって、しばしば想像を超えた困難として行く手に立ちふさがったのである。大学病院の精神科外来で子育て困難の女性を診るようになったのは、一九九〇年代以降のことだという指摘もある［小此木、2001］。ちょうどこの一九九〇年代初頭頃の、国家レベルでの危機意識の高まりを転換点として、わが国の子育ては〝脱個人化〟〝再社会化〟の方向へ大きく舵を取り直したと理解することができよう。

子育てとメディア（情報の媒体）との関係という視点から、一九九〇年代前半の子育て支援の状況を振り返ってみたときに、そこにはまだインターネットは登場してこないことがわかる。手紙、電話、インターネットなどを用いた非対面心理療法の歴史を紹介した森・岩本［2005］によれば、日本で、世界的なネットワーク（インターネット）への接続がプロバイダを通して個人にも開放されたのは一九九二（平成四）年のことである。ネット上で、ｗｗｗ（world wide web）というＨＴＭＬ（hyper text markup language）形式のファイルが表示できる規格が発表され、マルチメディアの利用が可能になった。ただし、当時の利用は企業人、研究者、一部の愛好家に限られていた。一般の子育て中の女性がネットやメールを日常的に使うようになるのは、さらに何年も後のことである。

子育てに必要な知識や助言を得たいとき、もちろん基本的な手段は「ウーマン・トゥ・ウーマン」の対人コミュニケーションであろう。大家族で、地域社会での子育てが当たり前であった時代には、ほぼそれらの情報のメディア（媒体）は生身の人間で事足りた。しかし、戦後、子育ての核家族化、個人化が進むにつれ、母親になった女性は「母子手帳（現在は母子健康手帳）」の副読本や、専門家（多くは男性の小児科医）が書いた育児書というメディアを頼りにするようになった。これらの活字メディアは、往々にしてその時代や文化の〝標準的〟ないし〝理想的〟モデルを提示しており、下手をすると、子育て経験の乏しい母親にとっては安心よりも不安を与えられ、自信を失い、子育てへの困難感を高めてしまう側面も持ちうる。そのような流れのなかで、一九九〇年代にはマンガやコミックという新たなメディアが子育ての領域に登場し、次々とベストセラーになった［高石、2007］。

戦後の一九五〇年代、一九六〇年代生まれの作家が自身の子育て体験を、画像と活字を併用し、複雑で矛盾に満ちた感情を表現するのにふさわしい手法を用いて、次々と世に問うたのである。子育ては、楽しいと同時に苦しく、一体感の喜びとともに分離の悲しみをともない、無限の可能性と自分の力の限界を思い知らされる、きわめて両義的な営みである。そのありのままの個々人の子育てについて表現することのタブーを打ち破ったという点で、マンガというメディアの活用は、子育て支援としての意義を持っていたと言えるだろう。

そうして、自身の子育てについて〝ありのまま〟を表現してもよいのだ、という意識が若い世代に醸成されていったのと並行して、一九九〇年代後半にはインターネットの利用者が急速に増え、日常的なメディアとして広がっていった。心理相談（カウンセリング）の領域でも、専門家によるネット上のサービス提供の試みが始まる。武藤・渋谷［2006］によれば、ネット上で、電子メールを用いた専門家のカウンセリングが実施されたのは、一九九五（平成七）年の小原守孝（精神科医）の例が最初だという。非医師のカウンセラー（教師、心理士、保育士、保健師など）によるネット上の相談サービスは、もっと早くから提供されていたかもしれないが、発表された学術論文から追跡できる最も古い例は一九九五年ということになる。

その後、一九九七（平成九）年には、精神科医の田村毅が、「癒しのメーリングリスト」と名づけたメンタルヘルスの自助グループ活動と、個人のメールカウンセリングの、二種類の実践を開始している［田村、2003］。この著書のなかで、個人のインターネット・セラピーの実例としてあげられた三人のメールカウンセリング事例のうち、すべてが若い女性で、二人が妊娠中または子育て中であったことは偶然ではなかろう。精神分析家の妙木浩之［2001］が、メールマガジンへの掲載を前提として実験的に試行したメールカウンセリングのクライエントが、育児不安を主訴の一つとする若い女性であったことも含め、二〇〇〇年代初期には、すでに子育ての領域にネットというメディアが浸透していた状況をうかがわせる。「一九九九年から二〇〇一年はメールという手段が一斉に広がった時期として、インターネットの時代認識において非常に重要な時期と言える」という、実態調査に基づいた指摘も見られる［荻原、2006］。

ちなみに、冒頭であげた「子育て」「サイト」「相談」「心」をキーワードとした検索結果一八七万件のうち、リンク集や書評などを除いた上位二〇件のウェブサイトの開設年を調べてみると、一九九七年一件、一九九九年一件、二〇〇〇年二件、二〇〇一年一件、二〇〇二年一件、二〇〇四年一件、二〇〇五年三件、二〇〇六年四件、二〇〇七年四件、不明二件となっている。特に最近三年の開設が多く、しかも地方自治体の子育て支援関連サイトが目立つ。この背景には、二〇〇三（平成一五）年に成立した次世代育成支援対策基本法に基づき、二〇〇五（平成一七）年度からすべての都道府県、市町村に子育て支援サービスを中心とした五ヶ年の行動計画の策定が義務づけられたことも関連しているだろう。情報提供にとどまるもの、個別の相談に応じるものなど内容はさまざまだが、二〇〇七年の今日において、たいていの自治体において、インターネットを活用した子育て支援は、当たり前のものになっていると言える。

## 2　ネット相談の実際

次に、筆者が経験した、ある企業が開設するインターネットの子育て支援サイトにおける相談活動の実際について、その概要と特徴を紹介する。

筆者は、二〇〇三年七月〜二〇〇七年一月までのおよそ三年半、NTTコミュニケーションズの提供する〝子育てファミリーを応援するコミュニケーションサイト〟e－mamaのなかの、「子育てこころの相談室」の回答者を担当した*（図1）。サイトの運営開始は二〇〇〇年七月で、内容は、専門家のアドバイス、子育ての基礎知識、おすすめ情報（リンク集）、コミュニティ（子育て掲示板、プレママ掲示板、サークル）、インタビューや特集記事など、多岐にわたっている。専門家のアドバイスのコーナーでは、小児科医、産婦人科医、臨床心理士がそれぞれ相談室を担当し、利用者からのメールによる質問に対して毎週回答を掲載するという形式が取られた。プライバシーを守りながら個人とメールでやり取りをするメールカウンセリングとは異なり、原則として一回ずつ独立した質問と回答をサイト上に公開する方法であり、ここではネット相談と読んで区別しておく。

このサイトの利用者のターゲットは、二五〜三五歳を中心とする、子どもを欲しいと思っている人、妊娠中の女性、〇〜一二歳の子育て中の母親と周囲の家族である。サイト全体のポリシーとして、「いかに子どもを育てるか」ではなく、「子どもとともに生きる」姿勢を大切にする、という方針が貫かれている。「安易なノウハウやハウツーは提供しない」

*初代の担当者は滝口俊子氏。二〇〇四年九月から「子育て相談室〈こころ〉」にリニューアルし、二〇〇七年二月にNTTレゾナンスの提供するサイトｇｏｏベビーに統合された。現在は、アーカイブとして閲覧することができる。

「情報の中立性や専門的裏づけの確保」「息抜きや楽しさはあくまで補完的要素」「時代が変わっても普遍的に受け継がれるような情報を掲載する」などの編集方針が掲げられており、こころの相談室への質問も、単なる情報提供を求めるものは少なく、妊娠や子育て中の自分自身の心理的な状態について開示し、助言を求めるものが多くなっている。

具体的な相談の流れは、以下の通りである。まず、利用者からの質問メールが随時編集部に寄せられ、編集部から一週間ごとにまとめて筆者に送付されてくる。たまに父親からの相談もあるが、ほとんどは二〇～四〇代の母親であった。また、子どもの年齢は就学前の乳幼児が大半であった。筆者が担当した最初の一年間に寄せられたメールは四四六件、一週あたり平均八～九通の計算になる。送信の時間帯は、深夜（二二時台～二四時台）が最も多く、次が午後の早い時間（一四時台～一五時台）である（**図2**）。これは、母親たちがパソコンの前に座ってメールの文章を書けるのが、子どもや家族が寝静まった後か、もしくは子どもの昼寝中であることを意味している。また、送信の曜日は、火曜が最も多く、その後漸減していく（**図3**）。これは、サイトが毎週火曜に更新される事情と関連しており、掲載された他者の相談に触発されて、自分自身もメールを送ってみようと動機づけられる利用者がいることを示している。

編集部から送られてきたメールから、筆者は毎週二通ずつ選んで約一週間後に回答の原稿を返信する。さらに一週間ほどかけて、編集部の校閲を経て一～二度校正のやり取りを行い、更新日に公開となる。ネットとはいえ、最長三週間ぐらいのタイムラグがあり、危機介入の必要な緊急の相談には間に合わない。件数は多くはないが、自殺企図や、急激な

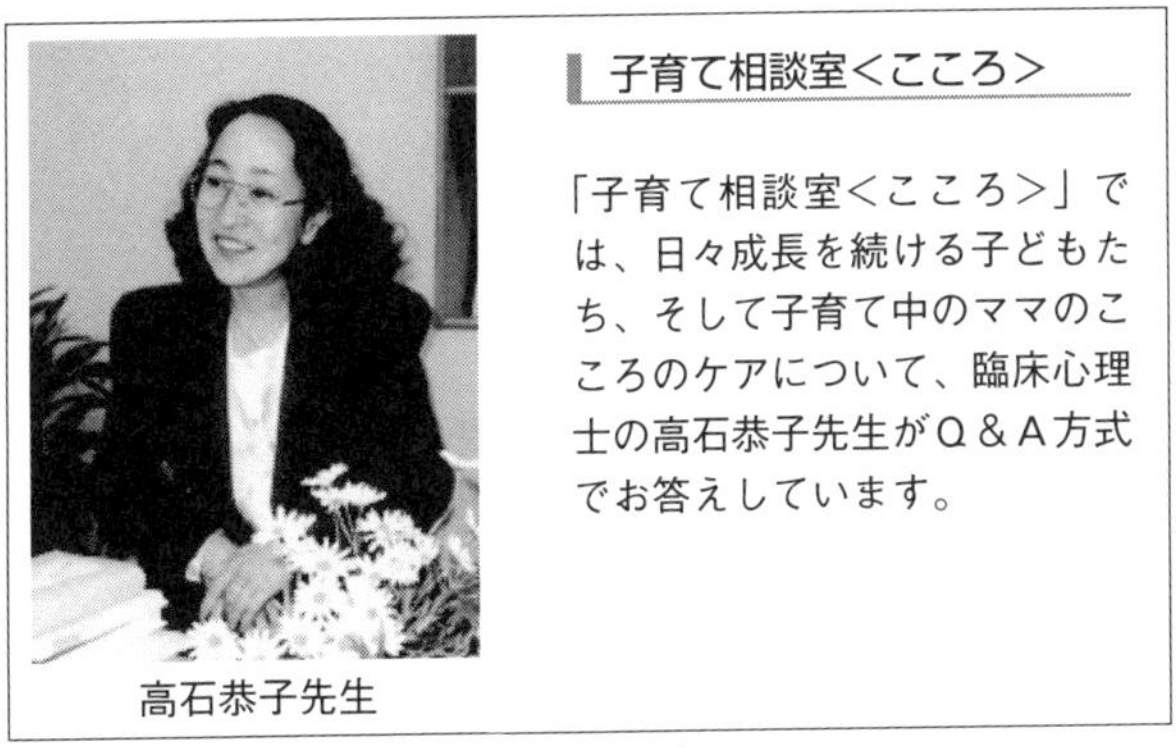


**図1　子育て支援サイトにおける「専門家のアドバイス」のページ**

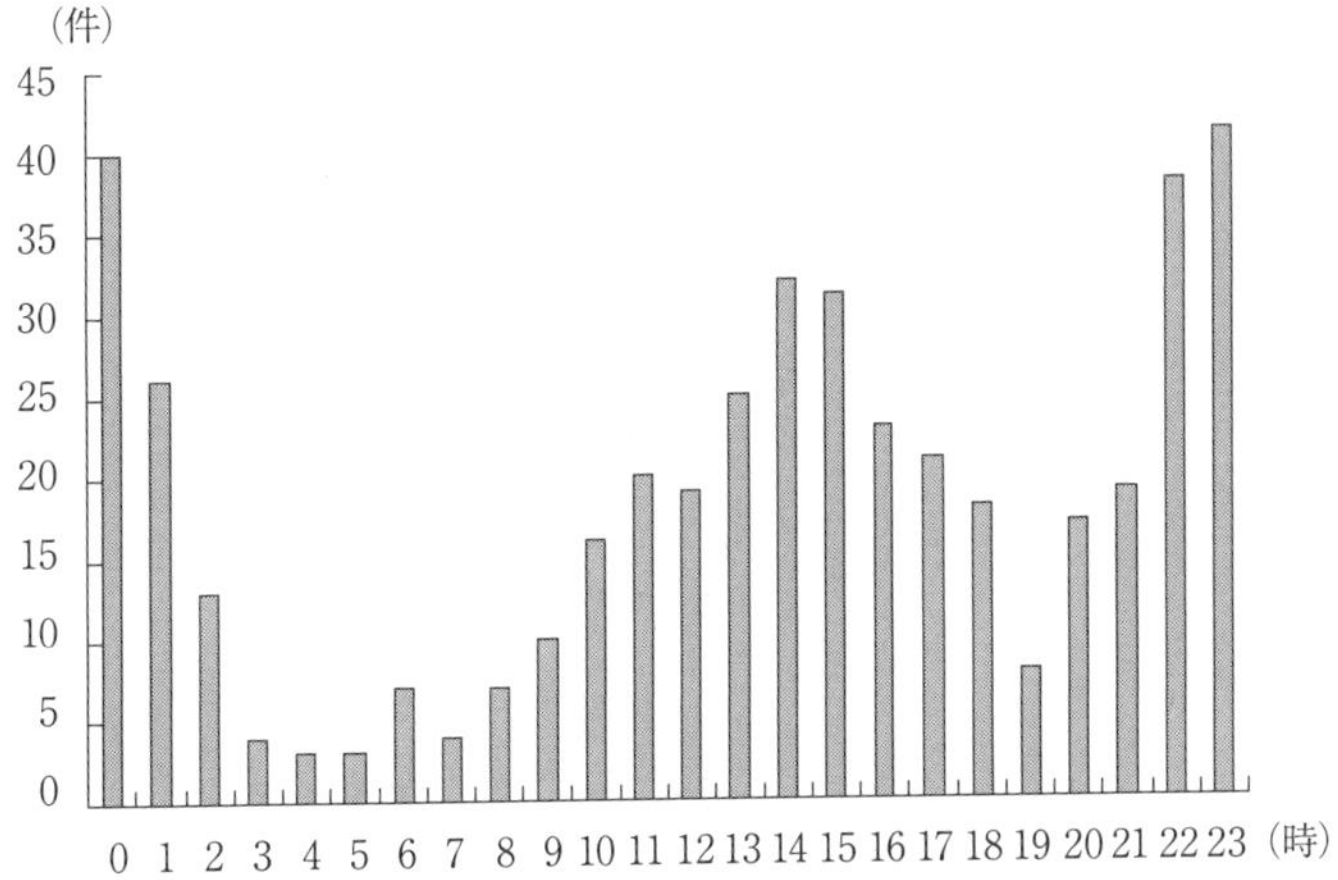


**図2　子育てこころの相談室へのメール送信時間帯（2003年6月第3週～2004年6月第2週分）**

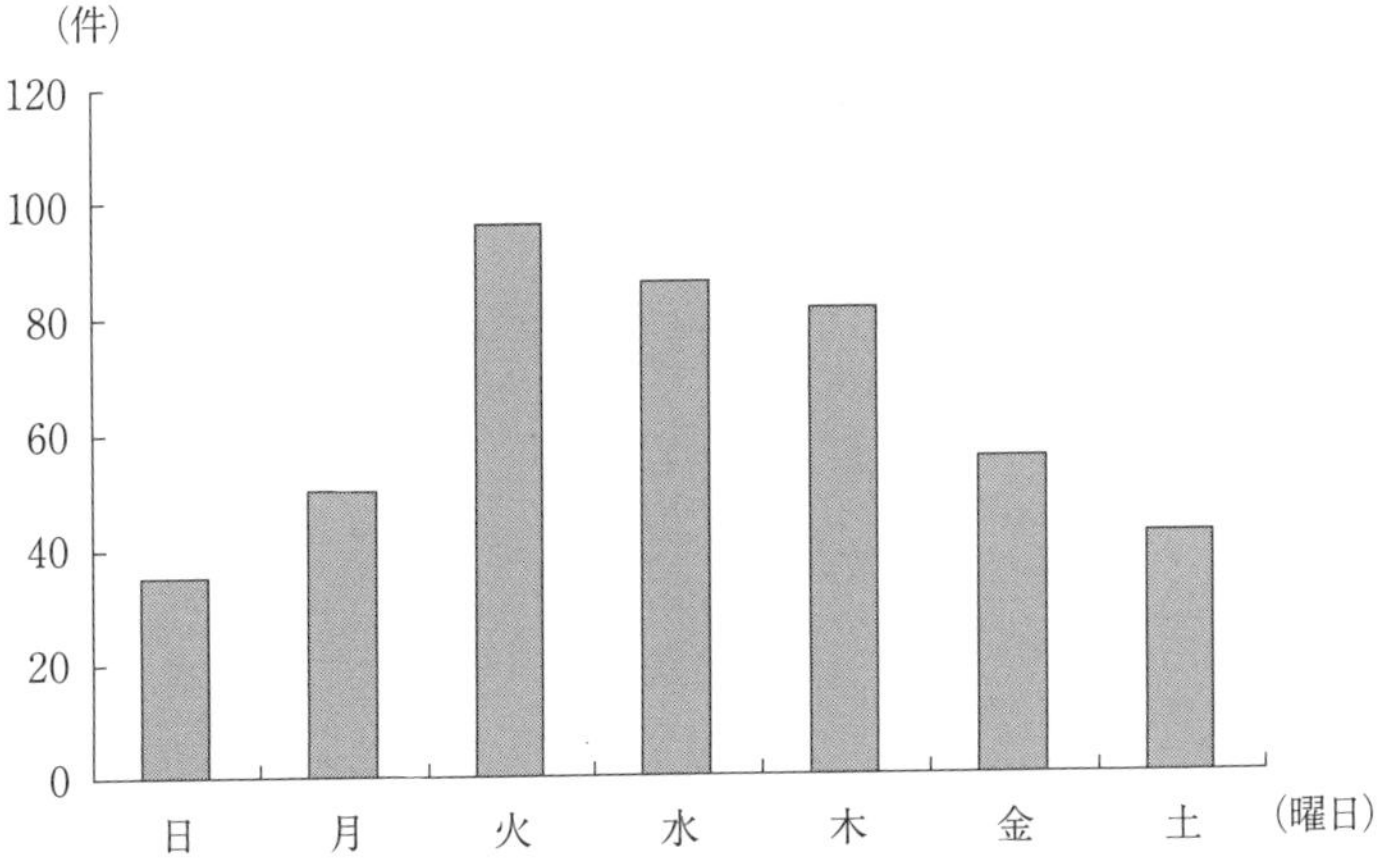


**図3　子育てこころの相談室へのメール送信曜日（2003年6月第3週～2004年6月第2週分）**

状態の悪化が懸念されるようなメールが届いた場合は、編集部からすぐ筆者に打診があり、非公開で個別の返信を行うという工夫をした。

三年半の経験から、筆者が編集部と共同で構築したネット相談の原則は、次のようなものである。

①回答は質問者への個別の心理的支援であると同時に、不特定多数の利用者一般にとっても役立つ内容でなければならない（個別性と普遍性）。

②質問に含まれていない内容であっても、利用者が知っておいたほうがよい知識や、理解の枠組みについては、踏み込んで提示する（臨床心理学の専門性）。

③緊急性、共通性、時事性の高いもの、海外や郡部など対面の支援が受けにくい地域からのものを優先的に選んで回答する（採用の優先順位）。

④メールの長さは、質問・回答ともに四〇〇〜一二〇〇字程度が適量であり、一六〇〇字を超えると読むのに負担を感じる。長い質問を採用する場合は編集する（適切な文字量）。

このような原則にしたがって選択し、筆者がネット上で回答した質問は、三年半で総計三五四件、テーマ別の内訳は、多いものから順に、「しつけ方・接し方（子どもの性格・状況別）」九九件、「育児ストレス・情緒不安定」五七件、「子どもの問題・成長・発達」三九件、「小学生・中学生の子ども」三五件、「子どもと父親・夫婦の問題」三二件、「気になるクセ・生活習慣」二〇件、「対人関係（祖父母・ママ友など）」二〇件、「妊娠・出産・授乳」一八件、「幼稚園・保育園生活」一四件、「きょうだいへの対応」五件、これに

「その他」一五件となっている。子育てについての直接的な悩みに次いで、子育てのストレスを契機として浮上した母親自身の心理的問題について多く取り上げられていることがわかる。

村本［2004］は、行政の子育て支援が少子化対策を目的として明示しているのと異なり、臨床心理士の行う子育て支援は、「とくにメンタル面で、子どもの健全な発達を保証し、子育てをする親の生涯発達を支えることをその中核に据え、予防的援助、あるいは問題の早期発見と介入的援助に重点を置くものである」と述べているが、ネット相談においても、「親の生涯発達を支える」という視点に立った対応が有効である。医師、看護師、保育士、幼稚園の教諭など、さまざまな専門性に基づいた子育て支援サイトのネット相談が展開されているが、心の専門家である臨床心理士の行うそれは、子どもを持つのがよいかどうか、子どもを愛せるようになるべきかどうか、といった一般的な価値判断からもときに離れ、個々人が生涯かけて歩んでいく〝個性化〟の過程を支えるものでありたい、と筆者は考えている。

## 3 ネット相談の可能性と課題

最後に、子育て支援において、ネット相談という方法の持つ可能性と課題について整理しておく。

インターネットを利用したカウンセリングやセラピーの利点や欠点について、実践的研究を行ってきた諸専門家の見解は、ほぼ共通している。例えば田村［2003］は、「簡便性」「匿名性とプライバシー」「日常生活との乖離《かいり》」「自己開示の容易さ」「社会的弱者への福音」「書くことのメリット」を利点にあげている。時間や場所の制約が少なく、安価で、相手に気遣わずに情報にアクセスしたり、相談のメールを送信したりできる点は、乳幼児を子育て中の母親にとって、確かにこの上ない福音であろう。相談する相手は、日常の人間関係とは別個のつながりによる誰かであり、たとえコミュニケーションが不調に終わっても、現実生活で困ることはない。匿名性の保証は自己開示を容易にし、対面では語りにくい内容も切り出せる。筆者の経験した例でも、夫婦の性生活や子どもの自慰の問題、中絶の迷いや子どもの障害への怖れなどが、しばしば率直に書かれていた。

また、ネット相談は「自発的にメールを書く」行為をともなうが、田村はインターネット・セラピーの特徴として、「書き言葉であること」「キーボードで表現すること」「孤独であるということ」をあげている。深夜や昼下がり、家族がそばにいない束の間を見つけて母親がパソコンの前に座り、画面を前に、心の専門家に向けて文章を綴るという行為自体が、すでにセラピューティック（治療的）な性質を持っている。メールの活字は何度でも書き直し、保存し、繰り返し読むことができるが、その行為は自分自身との対話を意味し、混沌とした感情を言語化し、自己洞察に導く可能性をはらんでいるのである。筆者の経験でも、回答が公開された時点で、すでに問題は解決済みという場合がときどきあったが、それを知らせてきた質問者の反応メールには、「相談してよかった。メールを書くことで、自分がどうしたらよいか考えられ、動いてみる勇気がわいた」といった謝意が述べられていることが多かった。子育てという休みのない母子密着の営みのなかで、誰か受け止めてくれる対象の存在を感じつつ、母親が独りで自分に向き合える時間を持てることの今日的意義は大きい。「孤独という状況のまま他者とつながることは、自己という主体性の回復を導く」という田村の指摘は、ネットによる子育て相談にもそのまま当てはまる。母親自身が主体性を取り戻し、自分らしい子育てを選び取れるようになっていくこと、これこそが子育て支援の最もあるべき方向性ではないかと思う。

インターネットを利用したカウンセリングやセラピーの欠点ないし課題については、メールによる教育相談を早くから実践してきた小林［2005］が「キューレス・メディア」という観点から考察している。電子メールは、得られる情報が文字に限られ、コミュニケーションに必要な表情、姿勢、声色などの情報が削ぎ落とされた手がかりの少ない（キューレスな）媒体であるため、相手の感情を読み取ることが難しい。少ない手がかりを補うために、想像を駆使して文脈を読み取る努力が求められる。また、得られた情報は歪められている可能性があり、その真偽を確かめることが難しい。母親の綴る子どもの状態は、カウンセラーが対面で確認する場合の子どもの姿とは大きく違っているかもしれないし、母親自身の自己開示についても意図的な歪曲が加えられているかもしれない。筆者の経験でも、回答が公開された後で、「あれは自分に都合のよいことばかりを書いた嘘で、本当の私は…」といった謝罪と告白の反応メールが届くことがあった。いかにも作話や悪ふざけであろうと感じられる質問メールは皆無であったが、細部に加えられた修飾や意図的歪曲については、判別することはまず不可能だと言える。

さらに、妙木［2003］は、精神分析の視点からメールコミュニケーションの問題点として、①動機の低さ、②態度の見えなさ、③「今ここでの体験」でないこと、の三つをあげているが、筆者がネット相談を始めた当初、最も困難に感じたのも、〝（二者間の）今ここでの体験〟でないものを扱うという点であった。例えば、予定外の妊娠に惑い、苦悶の末、出産か中絶かというい のちをめぐる究極の選択をしたと吐露するメールに対して、対面のカウンセリングで苦しみを訴えられたときのように、「それでよかったのです」と、そのときその場の相手の感情に寄り添うだけではすまされない［高石、2004］。公開を前提としたネット相談においては、人生の難問に対して、質問者とは異なる選択をした不特定多数の利用者に対しても、支えとなるような回答が求められるからである。その場合、カウンセラーが綴るのは、「あれかこれか」の価値判断でも、「あれもこれも」の玉虫色の解決策でもなく、もう一段深い次元での、人生における〝選択〟を引き受ける重さについて何かを伝えられる言葉でなければならない。子育て支援のサイトに心の専門家が関わっていくときには、会話や情緒的同調によってではなく、書き言葉（活字）の力によって相手の心を支えるという、新たな技能が求められていると言えよう。

これらの課題を踏まえ、筆者がネット相談において留意した点と回答作業の流れの実際は以下の通りである。

①メールの内容だけでなく行間を読み、質問者の置かれている状況を思い浮かべる（ハンドルネームや件名のつけ方、送信時間、文章表現の特徴やまとまり具合なども手がかりに、仮説的心理アセスメントを心のなかで行う）。

②読み取った質問の要点を提示し、まずそのことに対する質問者の苦労やこれまでの努力をねぎらう（ミラーリングと、個人への共感的理解）。
③質問された内容が、子育ての一般的な過程のなかで、どのように位置づけられるかを示す（問題の共通性の提示と、不特定多数の利用者に向けた回答）。
④質問者の個別事情を取り出し、細部に踏み込む（問題の個別性の提示。必要に応じてオープンクエスチョンをいくつか投げかけ、質問者の心の整理を助ける）。
⑤解決策、ないし解決に役立つ思考の方向性について、なるべく複数具体的に提案し、質問者を力づける（メール情報から行ったアセスメントはあくまで〝仮説〟であり、「いずれも的外れの可能性もあるが、Aの場合ならこう、Bの場合ならこう…」といった留保を付けることが必要）。

ほかにも、視野狭窄《きょうさく》になりやすい子育て中の母親の息抜きや気分転換に役立つよう、質問内容と関連した筆者の好きな詩、童話、マンガ、エッセイ、ときには筆者自身や身近な人のエピソードを紹介することを試みていた。ただし、これらは専門家の側の自己開示に相当し、ネット相談において、質問者と回答者の距離を縮めるという点で両刃の剣の性質を持つ。つまり、回答者に対する親しみと関心を増す可能性と、失望と傷つきを与える危険性が想定されるため、控えめに取り入れるに越したことはない。

## 4　おわりに

本稿を書いている間にも、子育て支援とインターネットの関係はどんどん進化している。行政や企業の提供する支援より、民間の草の根的な支援が先行するのは常で、今日の若い母親たちの関心は、SNS（ソーシャル・ネットワーキング・サービス）に向かっているらしい［安彦ほか、2007］。例えば、キューレップ（Qlep）という地域生活情報サイトに開設された子育てママコミュニティに参加すれば、自分の住む地域で共通の趣味やニーズを持つ母親と知り合え、実際に交流できるという試みも始まっている。「○丁目に住む△歳の男の子を持つママ！」とキーボードで入力すれば、引っ越してきたばかりの町でも友人を見つけることが可能なのである。対人関係の苦手な親、仕事で忙しい親、豪雪地域に住む親などにとって、「公園デビュー」より「ネットデビュー」という今日の状況は恩恵に違いない。そのなかで、心の専門家として貢献しうることは何か、見続けていきたいと思う。

（高石恭子）

## 引用・参考文献


安彦麻理絵ほか　2007　『子育てママのネット活用生活』　幻冬舎

小林正幸　2005　「メールによる教育相談」　岩本隆茂・木津明彦（編）『非対面心理療法の基礎と実際―インターネット時代のカウンセリング―』　培風館

松尾恒子・高石恭子（編）　2003　『現代人と母性』　新曜社

森　伸幸・岩本隆茂　2005　「非対面心理療法の歴史」岩本隆茂・木津明彦（編）『非対面心理療法の基礎と実際―インターネット時代のカウンセリング―』　培風館

村本邦子　2004　「子育て支援のソーシャル・サポートとコンサルテーション」『臨床心理学』第4巻第5号　606-615p.

妙木浩之　2001　『心理経済学講座　好きできらいで好き。』　ＮＨＫ出版

妙木浩之　2003　「精神分析の視点からみたメールコミュニケーション」『精神療法』第29巻第2号　167-172p.

荻原国啓　2006　「メールカウンセリングの国内外の情報ネットワーク」武藤清栄・渋谷英雄（編著）『メールカウンセリング　その理論・技法の習得と実際』　川島書店

小此木啓吾・北山修 編　2001　『亜闍世コンプレックス』　創元社

高石恭子　2004　「メール相談―子育て支援の新たな方法」『臨床心理学』第4巻第5号　684-686p.

高石恭子（編）　2007　『育てることの困難』　人文書院

田村　毅　2003　『インターネット・セラピーへの招待　心理療法の新しい世界』　新曜社

# 第7章　一人親家庭に対する心理的援助

## 1　はじめに

家庭の基本は、男女が結婚して夫婦となり、子どもが生まれて家族としての家庭を育んでいくことにある。

少子化が問題になってはいるが、出生率から見て、一人ないし二人の子どもをもうけて、幸福な家族を営んでいくのが、一般的な若者の目標であり夢であろう。

男女が結婚して、ひとつの家庭を営むとき、昔は男性が社会に出て働き、女性は家庭にあって炊事洗濯などの家事を担当し、やがて子どもが生まれると子育てに勤しむというのが一つのモデルであったと思う。しかし、社会的な経済情勢や、マイホームへの夢、核家族化の進行などで、いわゆる共働き家庭が増え、夫も妻も職を持ち、子育てをしながら夫婦ともども社会活動を続けるということが、今は一般的になっている。その意味で、父親が外で働いて収入を得て、それを生活費として母親が切り盛りをしながら子育てに当たるという家庭の在り方は、大きく変化していきつつあると言えよう。

しかし、好き合って結婚した夫婦にも離婚の危機が訪れることもあり、病気や事故など、何らかの原因で父母の一方が欠けることもある。あるいは、父母のどちらかが（現状にあっては父親が…ということが多いとは思うが）転勤などで単身赴任するなどして、母親と子どもが普段の家族成員となることもある。

ごく稀なパターンではあるが、父親に家庭外に交際する女性ができて、母と子が残されるというケースや、逆に母親が、例えば、夫のＤＶ（ドメスティック・バイオレンス：家庭内暴力）などで子を置いて出奔するといった事案もないわけではない。

つまり、本来父と母と子どもという家族構成が、父親が働きながら子育てをする、あるいは母親が、夫（子にとっては父親）の経済的支援を受けているかどうかは別にして、母親一人の力で子どもを養育するという家庭もある。俗に母子家庭、あるいは父子家庭という呼び方もあるが、それらを総じて「一人親家庭」と表現することになる。

## 2　一人親家庭が抱える問題

一人親家庭において、心理学的に見てまず直面する課題は、父性もしくは母性の機能の欠如であろう。つまり子育てにおいて、一般的には父親が父性的機能を発揮し、母親が母性的機能を果たす。具体的には、父親は、子どもが悪いことや社会的に許されないことをした時には、叱責したり注意したり、いわゆるしつけをすることが期待される。これに対して母親は、子どもの自我が脅かされたときなど、時には抱擁したり、時には慰めるなどする。この父性と母性の機能は、心理学的――とくにユング心理学など――には、父性の

〃切る〃機能に対して、母性は〃優しく包み込む〃機能とされている。

もちろん、母性的な働きが強い父親もいれば、父性的な働きが強い母親もいる。もともとひとりの人の中に、アニマとアニムス、つまり男性性と女性性は共存しているものであり、父親にも母親にも父性と母性の両方が内在している。実際の子育てに当たっては、父親と母親がそれぞれに役割分担して協調しているというのが実情であろう。しかし、いわゆる一人親家庭にあっては、父親であれ母親であれ、子どもを養育している親は、その両方の役割を期待される。

例えば、子どもの幼少時に父母が離婚し、母親が子どもを養育していく時、後に述べる経済的に生活を維持していく働きと同時に、子どもに対しては母親としての優しさ・慈しみ・（母親としての）世話と同時に、父親的な厳しく叱ったり、駄目なことは駄目という〃厳しさ〃を同時に求められる。このことは、子どもの側から見ると、「お父さんに叱られた時にお母さんに甘えて慰めてもらう」というような〃逃げ場がない〃ことにもなりかねない。

一人親家庭、とりわけ母親と子どもで構成されるいわゆる〃母子家庭〃にあっては、経済的な維持も大きな課題となることが多い。残念ながら、まだまだ我が国の経済・雇用の実情は、女性と男性の不公平が残存している。女性の常勤雇用の機会は、男性のそれに比べて少なく、給料の面でも厳しいものがあることは否定できない。また、現在法制度が見直されつつあるとは言え、父母が離婚した後の、別居親（例えば父親）からの養育費などの援助は、本来父親は子に対して父親と同等の生活水準を維持する生活保持義務が法的にはあるとは言え、現実には養育料の額や、その実行はまだまだ十分とは言えない。子供を抱えた母親は、その生活を維持するために、日夜を問わず必死に働かざるをえないという実情もある。

その中で、母親は、昼間は子どもを保育園に預け、仕事で疲れた身体と心を抱えて保育園に子どもを迎えに行き、帰宅してから夕食の準備をして、子どもに父性的な機能と母性的な機能の両方を兼ね備えつつ養育するということは至難のことであろうと思うのだが、現実にそれを行っている母親がたくさんおられることは、まさに敬服するところである。

母親だけではない。以前「クレイマー・クレイマー」というアメリカ映画があったが、何らかの事情により、父親が一人で子どもの養育に頑張っている父親もいる。前述のように、社会経済的には、女性に比べるとまだしも恵まれている傾向もあろうが、それがゆえに、最近は比較的充実してきたとは言え、社会制度的・行政面での支援や、経済的な支援は、いわゆる母子家庭に比べて、父子家庭に対してはまだまだ充分とは言えない。加えて、前述のように、父親が子どもを養育していく時に、子どもにとって不可欠な、母性的な愛情、こまやかな心くばり、子どもが求める甘えや依存の充足の面で、母性性を併せて発揮するというのは、現実にはなかなか難しいことではないだろうか。

だからと言って、一人親家庭で育った子の性格に片寄りがあったり、精神・行動上で問題を抱えているというわけでは決してない。前述のように、人は母性性と父性性を合わせ持っており、子を育てている親が子に対する愛情や養育の熱意を持っている限り、両親が揃っている時よりも一人親家庭の方が劣っているということはない。それどころか、たとえ同一家庭内に両親が同居していても、夫婦間の不調和や不和、父母の不仲や養育方針の違い・衝突などにより、子に悪影響を及ぼす例も決して少なくない。つまり、両親が不仲で、始終子どもの前で喧嘩しているような父母と一緒にいるくらいなら、いっそ両親が離婚・別居して、別々の生活を形成した方が、父母および子の精神衛生上、より安定した生活が営めるということもある。

## 3　一人親家庭の〝大変さ〟

決して、両親が揃っていないから、問題があるとか、大変だというわけではない。子どもは成長する中で、自我の芽生えや成長にともない、思春期の悩みや親・権威に対する反抗が普通に起こってくる。どの親にとっても子育ては一面から見れば苦労の連続であり、大変な仕事である。しかし、その一方で、わが子の成長する姿を目の当たりにすることが生きがいになったり、子どもの成長の中で親が教えられたりするかけがえのないワークでもある。

精神分析の創始者として著名なフロイト（S.Freud）によれば、男の子はエディプスコンプレックスにより最初は父親に反感を抱くものの、成長するにつれて父親と同一化し、父のようになりたいと考え、逆に女の子は母親と同一化するようになる、と論じたことは周知のところであるが、フロイトを引き合いに出すまでもなく、子どもにとってその両親はモデルであり、発達成長の中で両親から受ける影響は大きい。しかし、一人親家庭の場合、前節で述べたように、一人の親が父母両方の役割を兼ねて持つことになる。のみならず、ひとりで子育てをするとなると、愚痴を言ったり、困ったときに相談する相手がいないということがままある。そこに、一人親家庭に対する心理的援助、相談機関の必要性が生じてくる。

経済的には社会福祉事務所などで、児童手当や母子手当てなどの金銭面の支援が受けられるとしても、精神面でのサポートについては、いろいろな機関があるようで、実際には充分に利用されていないというのが実情ではないだろうか。

【事例1】

A子さん（三二歳）は五年前に大恋愛の末にB夫さん（三四歳）と結婚。結婚後まもなくして男児をもうけたが、B夫さんの浮気が原因で協議離婚した。離婚後、A子さんは子どもを引取り、一年前から子どもと二人でアパート暮らしをするようになった。

子どもも三歳になり、住所地の自治体から月額三万円弱の母子手当ての支給を受けながら、スーパーのレジ係や学校給食の炊事などの職に就いて稼動を続けていた。しかし、それらの仕事では生活が苦しく、家賃と光熱費の支払いにも追われる状況が続いていた。子どもは保育園に預け、夕方には疲れた身体に鞭打つようにして子どもを迎えに行き、帰宅してから腕白盛りの子をあやしながら、夕食の準備をする。生活保護の申請もしたが、担当の職員から「水商売でもしたら」と言われ、潔癖なA子さんは「二度と公的扶助は当てにするまい」と思ったという。

そんな毎日の中で、別れた夫への恨みばかりが募り、自分は何のために生きているのか次第にわからなくなり、子どもを叱ったり、腹を立てたりすることが多くなった。郷里の両親に相談することも考えたが、結婚の際に反対する親と喧嘩をするように家を出てきた手前、いまさら泣きつくように頼るわけにもいかず、日が経つにつれて悶々とした思いが募ってきた。

そんなある日、仕事先の同僚の女性に紹介されて、とある心理相談室を訪ねた（初回一時間三、〇〇〇円という相談料は、A子さんにとって清水の舞台から飛び降りるような気持ちではあったが、事情を聴いた相談室の担当者は二回目以降一時間一、〇〇〇円に減額する手配をしてくれた）。

そこで、A子さんは、恋愛から親の反対をおして結婚した経緯、B夫の浮気と離婚に至るいきさつ。さらに、最近の自身の精神状態が不安定であることを話した。話しているうちに、自分の気持ちが整理され、結局は「離婚して良かった」「B夫に対する裏切られた思いをいつまでも引きずっていることは、子どものためにならない」と考えるようになった。

余談であるが、A子さんは相談員の勧めもあって、家庭裁判所に子の養育料請求の調停を申し立てることにした。調停の結果はまだ見通しが立たない状況ではあるが、もしB夫が養育料の支払いを拒んだとしても、審判で父親に対して、何がしかの支払いを命じられることになるだろうということであった。

このような事例は、協議離婚した夫婦にはえてしてありがちなことと思われる。

A子さんの場合、実家や身近な友人の（精神的）援助が受けられなかったために、一年間苦しい思いを強いられたが、職場の同僚の存在は、天の配剤と言うべきだったであろう。そして、民間の心理相談室に勇を鼓して相談に行けたことが、A子さんと子どもの将来を決定づけたと言っても良い。このような相談室が、各所にできることが期待される。

## 4 DVの結果

DV（ドメスティックバイオレンス）が、わが国において社会的問題として扱われるようになって、それほど長い歴史はない。日本の文化風土とも関連があろうが、日本においては長く家長制が維持され、多くは男性が威張っていた。

夫の妻や子に対する暴力は、社会的にも容認されがちで、妻や女性はそれに耐えることが美徳とされてきた感もある。しかし、児童虐待とともに夫婦間暴力も社会的な問題として取り上げられる情勢になり、平成一二（二〇〇〇）年に「児童虐待の防止等に関する法律」が、平成一三（二〇〇一）年に「配偶者からの暴力の防止及び被害者の保護に関する法律」（いわゆるDV防止法）が施行されるに至った。

現在、各自治体の家庭児童センターや女性センターなどに多くの相談窓口が開設され、被害にあった女性や子どもを守るいわゆるシェルターが官民を問わず多数設立されている。

もちろん、いつも男性が加害者で女性が被害者とは必ずしも限らず、妻の暴力に耐えかねて家庭裁判所に離婚もしくは円満調整の調停を求める男性もないわけではないが、統計的には圧倒的に女性が被害者になる場合が多い（ちなみに、当然のことながら、子どもは常に被害者である）。

【事例2】

C子さん（四二歳）は、一〇年前に商社に勤務する夫と熱烈な社内恋愛の上結婚した。ところが、子ども（男児・現在八歳）が生まれ、しばらくした頃から、夫の態度に変化が見られるようになり、おそらくは会社で昇進の問題や仕事のノルマがきつかったためであろうが、帰宅後イライラし、暴力をふるうことが多くなった。

最初のうちは、もともと同じ職場でもあり、結婚後すぐにいわゆる寿退社で辞めたとは言え、夫の仕事の大変さや人間関係の難しさを理解しているつもりのC子さんであったが、日常のなんでもない会話から急に怒り出したり、食卓の上の料理を皿ごとひっくり返したり、あげくの果てにお茶の入った湯飲みを投げつけるに及んで、C子さんは、身の危険を感じ子どもの養育上、悪影響を及ぼすと危惧するようになった。

実際、夫（父親）がいない時は機嫌良く遊んでいる長男が、父親が帰宅するとオドオドし、緊張して、時には父を避けるように別室に逃げ込むこともあった。そこでC子さんは、長男を連れて身の回りのものだけを持って、女性センターのDV相談窓口に行き、そのまま母子福祉施設に入寮した。一方女性センターの相談員の勧めに従って、家庭裁判所に離婚の調停を申し立てた。

調停は家裁の配慮により、成立時以外は直接顔を合わせなくても良いように、別室を用意してもらい、三度実施されたが、当初夫は一貫して「自分が悪かった」「子どもを連れて帰ってきてほしい」と離婚には応じない構えであったが、調停委員の働きかけもあって、何とか離婚と長男の親権者は母親であるC子さんにするという条件で、離婚だけは合意を得た。

女性センターや母子福祉施設、家庭裁判所の配慮で、C子さん母子の居所は秘せられたまま、手続きは進められた。

しかし、夫はどこでどう調べたのか、女性センターを通じて「自分はDV加害者の治療プログラムを受け、自分の父親がDVだったために、今の自分があることもわかった。職場の昇進に関する不満やストレスから八つ当たりしたことも気づかされた。もう二度と暴力はふるわないので復縁して欲しい」という手紙を届けてきた。

C子さんは、若干の迷いを持ちつつも、それまで何度も夫の実家に実情を訴え、夫の両親からの説諭を受けても同じことの繰り返しであったことを思い出し、母子福祉施設の生活指導員のサポートを受けながら、パート先を探して、母子で自立する道を拓きつつある。

C子さんにとっては、苦渋の決断であったと思われるし、この選択がC子さん自身にとって良かったのか、さらに長男の将来にとって良いのかどうか、神のみぞ知るところである。口幅ったいことを言うようだが、人生にはこのような〝別れ道〟に出あうことがたびたびある。どの道を選ぶか、迷うことも多い。迷った末に、はたしてその時の選択が良かったのかどうか、後になってもわからないこともある。しかし、自分の道は自分で選ばなければならない。大事なのは、後悔しないこと。自分で選んだ道を、たとえそれが苦難の道であろうとも、より良いように自分で切り拓いていくことだと思う。

C子さんが、八歳の子どもを抱えて、これから母子二人で生活していくのは、精神的にも経済的にも苦しいとは思うが、この事案を考えるといくつかの心理的事象が見て取れる。まずは、C子さんが夫からの暴力を受けていたとき、相談センターの窓口に〝思い切って〟足を向けたこと。もちろん専門機関の相談員であり、多くのケースを経験してきている専門家であるから、C子さんの迷いも受け入れつつ、家庭内暴力(ファミリーバイオレンス)の実態を適確に把握し助言してもらったものと思う。そして、幼い子どもを連れていわゆるシェルターにかくまうという行政機関の働きが当面のC子さんと子供を夫の暴力から守った。

今後のC子さんの課題は、精神的にも生活・経済面においても自立し、子を養育することであろうが、自立に向けての強さが期待される。また、一方で、当時自分でもどうにも統制できなかった焦燥感や不安、怒り、その弱さを克服し、健康な社会生活を回復できるようになることがD男さんの課題である。心理的にも経済的にも女性に対するサポートは行政・民間を問わず整えられつつあるが、男性に対してはまだまだ未発達と言わざるをえない。さし当たりは、民間で実施されつつあるメンズサポートなどの機関が、その助けになることが期待される。

また、八歳の長男はどうであろう？　数年にわたって父母の緊張関係や父親の母親に対する暴力や言葉の上での罵倒《ばとう》を見てきて、それがトラウマ（こころの傷）になったり、PTSDにはなっていないだろうか。母親であるC子さんをはじめ、学校の先生や学校臨床心理士などが、注意深く見守っていくことが望まれる。

## 5　父と母のハザマで

父母が必ずしも離婚していなくても、養育者としての父母のどちらかもしくはその両方が不在になるということもある。


【事例3】

少年Eの父母は若くして結婚し、父が一九歳、母が一七歳の時にEを、さらにその二年後に弟をもうけた。

しかし、父は少年時代から何度も警察に捕まり、家裁から少年院にまで送致されたいわば札付きのワルだった。父は、窃盗・傷害事件の常習者として成人してからも何度も警察沙汰を起こし、覚せい剤にも手を染めていた。

当然のことながら、成人してからも刑務所を出たり入ったりの繰り返しで、業を煮やした母は、婚姻当時は父の実家で年老いた父方祖母と同居していたが、夫が何度目かの覚せい剤使用で刑務所に服役中にEと弟を連れて家を出た。

しかし、Eは小学生時から夜間徘徊《はいかい》や万引きを繰り返し、児童相談所（略して児相と呼ばれることが多かったが、最近は家庭児童センターと呼称することが多い）から児童自立支援施設に措置されることになった。

Eは、たびたび同施設から無断外泊し、そのたびに警察や施設職員が探し回ったり、保護したりして施設に連れ戻されたが、小学校を卒業するに当たり、施設および児相において、母親のもとに返すことを検討されることになった。

当初母親も「引き取って一緒に生活する」という意向を表明しており、試験的に一時外泊の形で母親の元に帰されたが、弟と三人の生活は長くは続かなかった。わずか一週間ほどで、Eは家出同様に母親のところに帰らなくなり、地元のいわゆる不良グループと夜間徘徊をしたり、公園にたむろして仲間が盗ってきたバイクを交替で（もちろん無免許で）乗り回すなどして、またしても警察に補導されるところとなった。

結局、母親は「私では監督できない」とひきとりを拒否するに至り、Eはふたたび児童自立支援施設に連れ戻されることになった。

少年Eの場合は、幼少時から父親が拘置所や刑務所に拘留されたり服役していることが多かったため、父親との関係は希薄であった。しかし父親が仮出所などで帰っているときは、Eをかわいがったという。Eにとって、父親は反社会的な行動モデルであったことは想像に難くない。同時に、母親はそんな父親に愛想をつかしてはいたものの、とくに離婚することもなく、夫不在の家庭を生活保護を受給するなどしながら守っていた。

しかし、Eが児童自立支援施設に措置されてからは、Eの弟と二人の生活がパターン化してしまったかもしれない。つまり、施設から久しぶりに帰ってきた家に、Eの居場所はなかったと言える。

実は父の母、つまりEにとっての父方祖母は健在で、Eが祖母の下に帰ることも検討されていたが、祖母は「息子（Eの父親）の素行不良でさんざん迷惑を被ってきた。あんないやな思いをするのは息子だけでたくさんだ」と関係機関からの問い合わせに対してけんもほろろの態度であった。

結局、少年Eは、母からも祖母からも見放され、受け入れられなかった。父親が仮出所で戻ってくれば、あるいは父親がひきとり、父と祖母との三人で、あるいは母も弟を連れて一緒に生活することになるかも知れないが、それが果たしてEのためになるかどうかは、やはり〝神のみぞ知る〟ところかもしれない。

母が、Eの心中を察して、弟と比較することなく、母としてEを受け入れることを期待したいが、こういった時に少年はあの手この手で母の愛を確かめることがよくある。例えば、万引きなどの非行をして、母を試そうとしたり、あえて夜遊びをしたり……そんな時に母親が愛情を持ちつつも距離を置いてゆとりを持って子に接することができれば、時間はかかっても必ず子は母の愛を確信する。

父が反社会的行動を繰り返しても、父を反面教師として子が父を受け入れることができれば、子の中で健全な父親像が育まれる。

児童自立支援施設では、時代の流れの中で次第に変化を余儀なくされているとはいえ、いまもって寮父と寮母が代理の父母として擬似家庭を形成し、家族の良好な関係を入所者に再体験してもらおうとはかっているところも多い。

【事例3】は、一人親家庭から母親が家庭を支えきれず崩壊していった例と言えるかと思うが、家族や個人を支援する専門家にとって、家族の再統合と、家族の崩壊に対する対応が課題であると考える。

## 6　家族の再統合

従前、児童に対する福祉の施策としては、保護を要する児童や少年は、家庭から切り離し、施設などで保護することが目標であったように思われる。

つまり、家庭に問題があれば、問題の家族から離して、別の機関で保護養育するか矯正教育を施すといった姿勢、考え方があった。子どもを守るためには、これも一つの有効かつ迅速な手段である（諸般の事情で、必ずしも迅速さを欠き、手遅れになるケースがあったことも否定はできないが）。しかし、子どもを親から離して保護するよりも前に、子どもの福祉にかなうように手当てを講じることのほうが、より困難ではあろうが、子どもにとっては望ましいことではないだろうか？

そのためには、親のSOS、子どものSOSに周囲が敏感であり、いち早く、その親や子に援助の手を差し伸べることが期待される。

さらにまた、例えば、子どもが非行して施設に収容されたとしても、いつまでも施設で生活したり、施設から出てきてからは一人で自立して生活を送るわけではない。そこには必ず、〝帰るべき〟家庭がある。子どもをあらためて受け入れて、新しい家族を構成する、いわば家族の再統合が求められる。

従前から用いられている考え方でいけば、人間関係を作り直すということになるかもしれない。それがたとえ、両親がいる家庭でも、あるいは何か事情があって一人親家庭になったとしても、そこで新しい人間関係が構築され、それがうまく機能していることが家族成員の幸福につながる。……とは言え、それは口で言うほど簡単なことではない。

人が人生を生きて、日常の生活をする上で、さまざまな悩みや苦しみ、葛藤にも逢着する。そんな時に、誰かが相談に乗ってくれたり、アドバイスをしてくれたり、時によっては、ただ真剣に話を聴いてもらうだけでも解決の糸口が見えてくることがある。あるいは、気持ちが軽くなることも。

こころのケア（心理援助）をする専門家や機関が必要とされるゆえんであろう。

（友廣信逸）

引用・参考文献

中村桂子　2006『家裁調査官のこころの風景』創元社

西村由紀・作田　明　2005　「ＤＶ（ドメスティック・バイオレンス）、児童虐待」『心の病の現在２』新書館
椎名麻紗枝・椎名規子　1890　『離婚・再婚と子ども』　大月書店
山田　博（監修）・家庭問題情報センター（編）　2002　『家裁に来た人びと』　日本評論社

# おわりに

われわれ大人がなにげなく送っている日々の暮らしは、大人にとっての利便性を追求してきた歴史に支えられている。自動車、パソコン携帯電話などによる通信、エアコンを完備した効率的な高層集合住宅など多彩な近代文明の恩恵を享受し、個人的幸せを追求する場となった家族の今を生きる大人たちに都合のよい生活環境は、子どもの育つ環境としては都合の悪いものとなってしまっている。興味津々でさわってみたいシュレッダー、ぐるぐるまわる不思議さに思わず覗き込んでみたくなる洗濯機、口で感触を確かめたいおもちゃの数々、探検してみたくなる公園や庭の茂みや水たまりなど、子どものこころとからだの発達には欠かせない好奇心を育て、セルフコントロールを養うものなのであるが、大人の目線でつくられ、子どもの目線で検討されてはいない環境は、危険がいっぱいなのである。子どもは自然に育つものとほうっておいてよい時代ではない。発達年齢に応じたこどもの目線でのきめ細かい配慮が行き届いた環境を準備することが重要である。

人間関係の基盤をつくる幼児期の教育的意義が見直されてきた昨今、中学校に配置されたスクールカウンセラーが幼児期の子育て支援をするシステムでは不十分であることが認識されてきたのである。幼児期に特化された子育て支援が必要である。子どもの主体的な直接体験を大人の都合で限定したり、禁止するのはやめるべきであり、かつ間接体験で補えるものでもない。

すべての家族において、子どものこころとからだの現状を理解し、今必要な条件を満たし、子どもとともに生きることの幸せを享受できることを願っているはずなのだが、実際にはとても難しい課題である。大人たち自身生きることが難しく、忙しく、ゆとりがないのでわかってはいても、子どものことに対して手を抜く結果となるのである。誤解を解くためにあえていうならば、知的な攻撃性のエネルギーは子どもをスポイルするほどにそそがれるか、まったく対照的なネグレクトかの両極端が生じる傾向があり、いずれも情緒的なぬくもりに欠けるという点で手が抜かれているのである。

幼児期の子どもたちとの情緒的な人間関係を保つことのできる親たちを育てるには、保育カウンセラーが情緒的に暖かい関係を親とのあいだに築くことによって心理的に安定することが必要である。そのためには、保育カウンセラーはスクールカウンセラーよりも発達臨床の専門知識に優れ、親教育の視点を持っていることが求められるであろう。

本著は、臨床経験の豊かな専門家の方々に執筆をお願いし、臨床の知を蓄積しながら保育カウンセリングの新しい教育パラダイムを構築することを目指して書かれたものである。子育て支援に関わる方々にお読みいただき、参考にしていただければそして忌憚のないご助言をお寄せいただき、ご指導いただければ幸いである。

編者　東山弘子

【執筆者一覧】

◆第 1 章◆

滝口俊子　（たきぐち・としこ　放送大学大学院臨床心理プログラム）

◆第 2 章◆

東山弘子　（ひがしやま・ひろこ　佛教大学大学院教育学研究科）

◆第 3 章◆

菅野信夫　（かんの・しのぶ　天理大学大学院臨床人間学研究科）

◆第 4 章◆

東山弘子　（ひがしやま・ひろこ　佛教大学大学院教育学研究科）

◆第 5 章◆

第 1 節　坂上頼子　（さかがみ・よりこ　日野市保育カウンセラー）
第 2 節　村山尚子　（むらやま・なおこ　心理教育研究所赤坂主宰）
第 3 節　辻河　優　（つじかわ・ゆう　臨床心理士）
第 4 節　藤後悦子　（とうご・えつこ　東京未来大学こども心理学部）

◆第 6 章◆

第 1 節　吉田弘道　（よしだ・ひろみち　専修大学文学部心理学科）
第 2 節　杉森基子　（すぎもり・もとこ　NPO 法人　都南地域教育振興会）
第 3 節　友廣信逸　（ともひろ・しんいつ　奈良大学社会学部心理学科）
第 4 節　高石恭子　（たかいし・きょうこ　甲南大学文学部・学生相談室）

◆第 7 章◆

友廣信逸　（ともひろ・しんいつ　奈良大学社会学部心理学科）

◆シリーズ　こころとからだの処方箋◆ ⑯

# 家族心理臨床の実際
## ——保育カウンセリングを中心に——

二〇〇八年六月二十五日　第一版第一刷発行

著　者　滝口《たきぐち》俊子《としこ》ほか
編　者　滝口俊子（放送大学大学院臨床心理プログラム教授）
　　　　東山弘子（佛教大学大学院教育学研究科教授）

発行者　荒井秀夫
発行所　株式会社ゆまに書房
〒一〇一―〇〇四七
東京都千代田区内神田二―七―六
振　替　〇〇一四〇―六―六三一六〇

印刷・製本　藤原印刷株式会社
カバーデザイン　芝山雅彦〈スパイス〉


ISBN978-4-8433-1828-7 C0311